LA GUÍA COMPLETA DE AURAS EN ESPAÑOL

Todo lo que Necesitas Saber para Poder Entender, Leer y Limpiar Auras

FELIX WHITE

© **Copyright 2021 – Felix White - Todos los derechos reservados.**

Este documento está orientado a proporcionar información exacta y confiable con respecto al tema tratado. La publicación se vende con la idea de que el editor no tiene la obligación de prestar servicios oficialmente autorizados o de otro modo calificados. Si es necesario un consejo legal o profesional, se debe consultar con un individuo practicado en la profesión.

- Tomado de una Declaración de Principios que fue aceptada y aprobada por unanimidad por un Comité del Colegio de Abogados de Estados Unidos y un Comité de Editores y Asociaciones.

De ninguna manera es legal reproducir, duplicar o transmitir cualquier parte de este documento en forma electrónica o impresa.

La grabación de esta publicación está estrictamente prohibida y no se permite el almacenamiento de este documento a menos que cuente con el permiso por escrito del editor. Todos los derechos reservados.

La información provista en este documento es considerada veraz y coherente, en el sentido de que cualquier responsabilidad, en términos de falta de atención o de otro tipo, por el uso o abuso de cualquier política, proceso o dirección contenida en el mismo, es responsabilidad absoluta y exclusiva del lector receptor. Bajo ninguna circunstancia se responsabilizará legalmente al editor por cualquier reparación, daño o pérdida monetaria como consecuencia de la información contenida en este documento, ya sea directa o indirectamente.

Los autores respectivos poseen todos los derechos de autor que no pertenecen al editor.

La información contenida en este documento se ofrece únicamente con fines informativos, y es universal como tal. La presentación de la información se realiza sin contrato y sin ningún tipo de garantía endosada.

El uso de marcas comerciales en este documento carece de consentimiento, y la publicación de la marca comercial no tiene ni el permiso ni el respaldo del propietario de la misma.

Todas las marcas comerciales dentro de este libro se usan solo para fines de aclaración y pertenecen a sus propietarios, quienes no están relacionados con este documento.

Índice

Introducción	vii
1. Qué son las auras	1
2. Cómo ver las auras	11
3. Cómo sentir las auras	27
4. Cómo reconocer las auras	39
5. El significado de los colores	51
6. Propiedades del aura	109
7. Anatomía del aura	115
8. El desbalance en el aura	123
9. Cómo proteger tu aura	137
10. Desarrollo psíquico y relación con el aura	145
11. Limpieza y curación del aura	151
Conclusión	163

Introducción

El aura es un campo sutil de radiación luminiscente o luz que rodea a las personas y a los objetos. Los científicos han utilizado la terminología "biocampo" para describir la energía luminosa que rodea las cosas vivas. En las creencias espirituales, las personas que tienen un aura radiante son santas. Sin embargo. Otras culturas creen que todos irradian colores específicos del aura dependiendo de la personalidad. Hoy en día, muchas personas creen que el aura juega un papel muy importante a la hora de influenciar las cosas que suceden a nuestro alrededor. Esa es la razón por la cual las personas tienden a hacer rituales para limpiar su aura y así lograr la abundancia y la prosperidad en sus vidas.

Introducción

Los psíquicos pueden ver las frecuencias del aura por medio de su tercer ojo. De hecho, la historia nos indica que muchas personas están fascinadas con las auras.

Por ejemplo, a finales del siglo XIX, Nicola Tesla tomó una fotografía de sí mismo utilizando electricidad de alto voltaje con la esperanza de retratar un aura.

El aura está en constante movimiento e incluso los colores más estables también en términos de saturación, brillo y volumen. El movimiento del aura alrededor del cuerpo es similar al de la homeostasis y le proporciona a tu cuerpo un bienestar general. La cuestión es que aprender sobre tu propia aura es muy divertido. Si te interesa la lectura del aura y su limpieza, entonces este libro te va a servir como una guía para aprender todo lo que necesitas saber sobre el aura.

En los siguientes capítulos vamos a hablar de los elementos básicos de lo que es un aura y cómo cualquier persona puede aprender a ver, sentir y conocer las auras.

Puede parecer algo abrumador al inicio, pero este libro te va a enseñar a desarrollar tus dones naturales para que tú también puedas leer auras.

También hablaremos de los diferentes colores de auras y sus significados. Además, también explicaremos los efectos que tienen las emociones como el miedo y el estrés en las auras y las maneras de proteger tu propia aura de estos efectos perjudiciales.

Las técnicas que contiene este libro te van a servir como guía a lo largo de tus primeros pasos en el mundo espiritual. Igualmente, si sigues los consejos y aprendes a limpiar y a mantener un aura saludable, tu vida va a mejorar considerablemente porque lograrás balancear tus chakras y tu vida. Este libro te ayudará a balancear tu aura, lo que significa que tu vida también estará más balanceada, serás una persona que habrá logrado sus metas y que tiene el control total de su vida, sin tener que depender de alguien más ni necesitarás la aprobación de nadie. Te va a servir para balancear tus pensamientos y emociones, los cuales también afectan la salud de todo tu cuerpo.

Puedes pensar que los chakras son como los engranes que hacen funcionar un reloj, todos necesitan girar correctamente para que el reloj funcione bien. Sería imposible si un engrane no funciona. Para que las manecillas giren, tiene que haber una armonía en todas sus piezas. Cada pieza tiene que girar a cierta velocidad y tiene una función única. El movimiento de uno afecta el movimiento de los adyacentes. Igualmente, para lograr la armonía las piezas deben estar engrasadas apropiadamente, de lo contrario no se moverían o se atorarían. Sin este balance, no habría reloj funcional. Cualquier cosa que se pase desapercibida o se descuide puede llevar a que el reloj se descomponga y hasta se rompa.

Así funciona el sistema de los chakras. No puede existir un chakra sin el otro y todos son igual de importantes. Cada chakra tiene un rol que jugar, domina ciertos órganos y ciertas áreas de la vida. Los chakras necesitan funcionar en conjunto y sólo cuando cada uno cumple su parte es que puede funcionar el sistema en armonía.

Así vamos por la vida, primero moviendo el primer chakra, luego el segundo y el tercero, y así hasta mover los siete chakras. Cuando funcionan bien, los chakras nos permiten movernos y vivir correctamente para así cumplir con nuestras metas y vivir exitosamente.

En conjunto, los siete chakras del ser humano conforman el espectro de chakras. Este se comunica con el aura de ida y de regreso, lo cual crea una estructura que nos protege y nos conecta. Esto es lo que podemos ver con algo de entrenamiento.

Introducción

Piensa en el cuerpo humano, en las emociones y en los pensamientos como las otras piezas del reloj: el armazón, la cara, los números, etc. Todo está conectado, pero son los engranes quienes hacen mover las manecillas, la parte más elemental del reloj. Sin embargo, en conjunto, los engranes necesitan de una montura, de algo que los proteja y de algo que les de soporte, sólo así funciona un sistema a la perfección.

1

Qué son las auras

LA MAYORÍA de nosotros hemos estado en una situación en la que las auras han sido, de casualidad, un tema de conversación. Muchas personas se quedan en la duda de qué es un aura y de qué es lo que significa. Esta confusión suele surgir de una falta de entendimiento y de una gran cantidad de ideas diferentes de lo que es un aura, lo cual es comprensible. Sin embargo, como sucede con cualquier otra cosa, todo lo que se necesita es un poco educación para hacer que las cosas sean más claras. Si sabes algo sobre las auras, la próxima vez que se menciona en una conversación, tendrás algo de información correcta que podrás compartir. También descubrirás que muchas personas tendrán curiosidad para escuchar lo que tienes que decir al respecto. Todavía existen personas escépticas que hacen que los demás sientan dudas a la hora de querer hacer preguntas o de investigar por su propia cuenta.

A un nivel fundamental, se trata del campo magnético que rodea a cada ser vivo que genera un aura. Que la obra de una persona es única y refleja su propia energía particular; esta energía es la que afecta su capacidad para conectar a interactuar con otras personas. La mayoría de las auras de las personas se extienden hasta cerca de un metro a su alrededor, pero aquellas personas que han sufrido una tragedia o un trauma suelen tener un aura más grande. Muchas de las cosas que hacemos en nuestra vida dejan una marca en nuestra aura, esa es la razón por la cual los lectores experimentados pueden saber muchas cosas sobre una persona durante una lectura. Nuestra ahora están tan íntimamente conectada tanto con nuestra mente como con nuestro cuerpo es difícil mantener los secretos ocultos de los electores experimentado, por esta razón, es bueno elegir a un lector en el cual creas que puedes confiar y con quien te sientas cómodo.

Las auras son cuerpos de energía que contienen mucha información respecto a las personas, plantas, animales y básicamente todo tipo de ser viviente. Proporciona la información necesaria sobre las características, cómo comunicarse, emociones y estado mental. También proporciona información sobre los problemas que son susceptibles para la persona y cómo puedes manejarlos de acuerdo con lo que dice tu aura.

El estudio de los chakras es una tradición antigua y que solía tratarse más que nada como una visita al doctor. Se sabe que los chakras contienen información respecto a nuestra salud mental y física, por lo que tiene sentido ver a una persona que se dedica a la alineación de chakras si se tiene un problema. Nuestras auras surgen de estos chakras y, por lo tanto, también revelan lo que nos afecta.

Muchas personas creen que al obtener frecuentes lecturas del aura los mantiene saludables porque el aura puede reflejar algunas enfermedades o afectaciones antes de que surjan los síntomas clásicos, aumentando así la probabilidad de una recuperación más rápida y completa.

Los lectores experimentados de las auras no necesitan ni siquiera conocer al sujeto en persona para darle una lectura apropiada; lo pueden hacer a partir de solamente una fotografía normal. Es una muestra de la profundidad a la que están conectadas nuestras auras con nosotros, llegan a mostrarse en las fotografías regulares, lo que significa que deben ser muy poderosas para que eso llegue a suceder. Las auras siempre pueden cambiar, ya que refleja nuestros pensamientos y emociones, aunque algunas de nuestras características básicas, tanto buenas como malas, permanecen iguales, otros aspectos de nuestra aura cambian a la par de nuestro humor y de nuestras circunstancias.

Un aura no es una unidad exclusiva. En vez de eso, está hecha de muchas capas diferentes. Las capas de un aura están interconectadas y se fusionan en algo que crea un cuerpo cohesivo que se conoce como aura. Cada capa del aura contiene diferentes tipos de información, para cual se les conoce como cuerpos sutiles. La energía creada por los chakras es la que crea el aura. El tamaño del aura de una persona depende de su salud espiritual, emocional y física; estas capas áuricas disminuyen o incrementan dependiendo de estas facetas.

Las 7 capas que conforman un aura

La primera capa, también llamada capa etérea, se mantiene cerca del cuerpo, generalmente sólo se estira unos cinco centímetros, más o menos, lejos del cuerpo. El campo etéreo refleja tu salud física y suele ser de diferentes tonalidades de azul. Esta capa cambia de tonalidad y de grosor junto con tu salud física. Esta capa se origina en el chakra principal y es lo que crea la relación entre tu cuerpo físico con tu cuerpo más elevado.

La segunda capa que es influenciada por las emociones suele alejarse del cuerpo solamente de unos 3 a 10 centímetros.

Esta capa contiene tus emociones y sentimientos, los cuales sabemos que cambian de forma regular dependiendo de tus circunstancias particulares. Generalmente, esta capa es brillante y combina muchos colores diferentes, pero los sentimientos y emociones negativos pueden actuar como un bloqueo, el cual puede opacar u oscurecer el color. El chakra sagrado se asocia con esta capa, lo cual es acertado porque es donde se ubica el corazón, la fuente figurativa de la emoción.

. . .

La tercera capa del aura es el campo mental y se puede extender a partir el cuerpo hasta unos 8 a 20 centímetros.

La capa mental suele ser de una tonalidad amarilla, con variantes que van de lo brillante a lo pálido. En las personas que sufren de depresión o ansiedad, esta capa suele estar muy afectada. Esta capa también se relaciona con el chakra del plexo solar.

La cuarta capa es la capa astral, la cual sirve como puente hacia el reino espiritual y se conecta con el plano astral.

Esta capa se extiende alrededor de 30 centímetros lejos del cuerpo y contiene todos los colores del arcoíris, con el brillo correlacionado con la salud espiritual de la persona.

El plano astral es una parte de los planos multidimensionales que nos rodean.

Este plano vibra a una frecuencia más alta que la del plano físico en el que vivimos. La cuarta capa se conecta con el corazón o el cuarto chakra y suele ser llamado la "capa del amor" por esta razón. También une las tres capas áuricas superiores y las tres inferiores.

La quinta capa es conocida como el modelo etérico; sale del cuerpo unos 60 centímetros lejos del cuerpo. Esta capa contiene los lineamientos de las entidades en el mundo físico y, por esta razón, no se suele asociar con un color en específico. Esta capa también puede crear un espacio negativo porque sí llega a entrar en contacto con el mundo negativo, pero esto no es negativo, solamente significa que se puede asociar con muchos colores diferentes. La garganta o el quinto chakra se relaciona con esta capa y representa tu personalidad e identidad.

La sexta capa también es conocida como el aura celestial y puede sobresalir unos 70 centímetros del cuerpo. Esta capa también se relaciona con el reino espiritual y cualquier tipo de comunicación con ese reino se refleja en esa capa. El aura celestial también refleja los sentimientos de éxtasis y amor incondicional.

Los colores en esta capa parecen relucientes y suelen ser de colores pastel brillante. Esta capa se origina en el tercer ojo o en el sexto chakra, donde se concentran la intuición y la percepción.

La última capa se puede expandir hasta un metro a partir del cuerpo y se conoce como la capa cetérica. Este campo contiene a todas las otras capas y básicamente funciona como una barrera que las mantiene juntas. La capa cetérica vibra en las frecuencias más altas y contiene hilos de color dorado brillante que se entrelazan a través de ella. Esta capa refleja las adversidades y las experiencias que han tenido un impacto en el alma. La capa cetérica sirve como tu propia conexión personal con lo divino y te ayuda en tu viaje para estar conectado personalmente con el universo. El chakra de la corona se relaciona con esta capa y representa nuestra conexión con todo lo que existe.

Aunque todas estas capas llegan a conformar el aura, la primera capa en sí misma no es realmente el aura; es la energía que lleva a la creación del aura. A esto también se le conoce como energosoma y el aura en realidad comienza donde termina el energosoma, razón por la cual las auras pueden variar de tamaño según la persona y según el día.

. . .

Así como nuestras emociones y pensamientos cambian cada día, lo mismo pasa con las auras. Son manifestaciones de nuestra salud en general.

El aura de una persona también se puede ver afectada por el aura de otra persona; a esto se le conoce como una conexión áurica y puede facilitar la comunicación entre ambas. Esto sucede porque las energías de las dos personas se vuelven más fuertes y asumen un rol más grande en la comunicación, generalmente sin que las personas sepan siquiera que eso está pasando. Esto ayuda a explicar esas conexiones inexplicables que tenemos con algunas personas, como si las conociéramos desde hace años.

En lo que respecta a leer auras, no existe una sola manera que sea absolutamente la correcta. Todas tratan con las habilidades psíquicas y algunas personas estarán naturalmente más inclinadas hacía una o más, y puede ser que elijan dedicarse más a aquella que les parezca más sencilla. Las maneras de leer auras incluyen observarlas, sentirlas y conocerlas; todas son similares e incluso se relacionan de ciertas maneras, pero todas son igual de efectivas. Así que cuando decidas el camino que vas a seguir, tal vez decidas ir por las sensaciones porque eres alguien que realmente depende de su sentido de la intuición.

Si decides desarrollar más aquello que ya es un don psíquico natural, eso hará que el proceso sea más sencillo ya que es algo que ya has utilizado y al menos has desarrollado, aún si no estás consciente de haberlo hecho.

Al igual que con el cuerpo humano, las auras son complejas. Son reflejos directos de cómo nos sentimos en determinado momento. Aunque no estemos al tanto de esto, nuestras auras le pueden enseñar a esas personas capaces de leerlas las formas en las que nos sentimos respecto a nuestras vidas y cómo nos han afectado nuestras experiencias. Conforme crecemos y evolucionamos, lo mismo pasa con nuestra aura, ya que básicamente es un reflejo de lo que sentimos en nuestro interior. Esto significa que, si quieres tener un aura más brillante, hay ciertas cosas que puedes hacer para llevarlo a cabo.

2

Cómo ver las auras

El aura suele verse en la forma de un óvalo alrededor de la persona, su tonalidad puede variar desde lo brillante a lo lustroso en esa área. Algunas personas también describen una textura o vibración que cambia dentro del área del aura, pero no siempre es el caso. Algunas personas pueden ver solamente un blanco brillante, mientras que otras pueden ver colores específicos en el aura de una persona, otras ni siquiera pueden ver un color.

Cuando empiezas a aprender a ver las auras, es probable que tiendan a ser relativamente inmóviles también.

. . .

El aura está en constante movimiento, lo cual quiere decir que puede cambiar constantemente de volumen, saturación y de tonalidad.

Leer el aura es muy importante y los reflexólogos, los acupunturistas y los clarividentes psíquicos utilizan el meridiano del cuerpo para lograr acceder al flujo de energía del aura. La lectura del aura no debería estar limitada a los psíquicos.

Todos tienen el potencial para ser capaces de ver las auras, al igual que con cualquier otro músculo del cuerpo, necesitas ser trabajador y alimentado para fortalecerse. Respecto a las auras, el sentido en el que te vas a concentrar en tus habilidades clarividentes naturales, ya que esta es la que te va a dar la habilidad de ver las auras. La clarividencia se conoce como una habilidad psíquica, pero no en el sentido más tradicional; en los términos de las auras, significa que estás aprendiendo a percibir algo más allá de tus sentidos físicos tradicionales. Para ver las auras vas a depender de tu habilidad para ver el cuerpo astral, el cual opera a una frecuencia mayor que el mundo físico y, por lo tanto, existe una conexión con las habilidades clarividentes.

· · ·

Ver las auras es una habilidad que todos tienen. Sólo las personas más dotadas con las habilidades psíquicas y de clarividencia pueden ver las auras. Sin embargo, esto no significa que las personas ordinarias no puedan ver las auras.

Con la práctica se hace con una mentalidad correcta, cualquier persona puede ser capaz de ver un aura.

Hacer uso de este nuevo sentido requiere paciencia. Aun cuando todos tenemos la habilidad innata para ver auras, nuestros cerebros han sido condicionados para definir esta habilidad ya que no suele ser usada con frecuencia o aceptada. Eso significa que las personas que pueden leer y ver las auras no son tan diferentes del resto de nosotros, simplemente han aprendido a no reprimir sus habilidades psíquicas naturales y las han aprovechado y practicado. Sin embargo, ver las auras y los colores no es el único método, es simplemente uno de los más comunes.

El primer paso para ser capaz de ver las auras es comprender de dónde vienen las habilidades clarividentes. Pueden ser desencadenadas por tiempos de mucho estrés y trauma, pero esto suele ser algo temporal y no se puede controlar. Las habilidades psíquicas más confiables y las mejores vienen de un lugar de tranquilidad y balance, el cual puede ser obtenido por lo regular por medio de la meditación y la concientización frecuente.

Así que, antes de intentar ver las auras, debes encontrar un lugar de tranquilidad y claridad mental porque eso te ayudará a aumentar tus probabilidades de éxito.

Ver las auras

Pequeños pasos

Como se mencionó en el primer capítulo, todas las criaturas vivas tienen un aura. Ver las auras de los seres humanos puede ser algo complicado, así que, cuando comiences, lo mejor es elegir algo más sencillo como una planta y después un animal. Las plantas son perfectas para mejorar la lectura de auras, en especial para los principiantes. Entonces, elige una planta, asegúrate de elegir una que no se mueva con el viento y encuentra un lugar cómodo y silencioso en el que te puedas sentar.

Visión

Una vez que hayas encontrado tu lugar silencioso y hayas elegido una planta inmóvil, haz unos cuantos ejercicios de relajación para encontrar tu paz interior. Cuando te sientas confiado y cómodo, concéntrate en la parte superior de la planta. Relaja suavemente tus ojos y permite que se desenfoquen ligeramente.

Puede ser que esto sea difícil para algunas personas, así que, si descubres que tienes problemas con estas técnicas, imagina una hoja invisible y concéntrate en esa hoja específica en vez de lo anterior.

Percepción

Aprender a expandir tu percepción visual es una de las partes más difíciles, y requiere mucha práctica y paciencia, así que, si no lo logras en la primera oportunidad, no pierdas la esperanza. El aura de una planta no va a ser muy colorida porque los pensamientos y las emociones crean los colores de un aura, así que busca el brillo que la rodea. Para hacer esto de forma exitosa, debes mantener tu concentración en la parte superior de la planta, pero debes permitir que tu percepción visual, con los ojos ligeramente desenfocados, logre captar toda la planta y el área que la rodea. Eventualmente, serás capaz de ver también su aura una vez que tu habilidad natural de clarividencia entre en juego; después de todo, simplemente ha permanecido dormida por mucho tiempo. Va a requerir algo de tiempo para que logre salir y va a requerir mucho más tiempo para que aprendas a controlarla.

Espejo

Cuando te sientas confiado y seguro de que has visto el aura de la planta, es tiempo de pasar a algo un poco más complicado. Vamos a utilizar la misma técnica que has utilizado con la planta, pero con tu propia aura. Así que, encuentra un lugar silencioso, un espejo grande que te permita ver la mitad superior de tu cuerpo, coloca una lámpara a cada lado del espejo y siéntate en una posición cómoda. Asegúrate de que la lámpara no se refleje en el Espejo, ya que esto puede distorsionar el aura haciendo que sea más difícil para ti leerla de forma apropiada.

. . .

Ajusta tus ojos y permite que se desenfoquen ligeramente mientras miras tu propio reflejo en el espejo. Concéntrate en un punto arriba de uno de tus hombros. Después de un tiempo, vas a comenzar a ver un ligero brillo alrededor de tu cabeza o incluso en todo tu cuerpo. Lo que estás viendo es el energosoma, o tu cuerpo energético.

Práctica

En el último paso fuiste cup las de ver la primera capa de tu aura, lo cual es la parte más sencilla para ver. Práctica ver esta carpa tan frecuentemente como te sea posible; esto va a aumentar tus habilidades clarividentes y te dará una mayor sensación de control.

Cuando puedas ver fácilmente la carpa base, gradualmente cambia tu enfoque un poco más lejos del cuerpo para ver las partes más sutiles del aura misma. Tu percepción visual va a aumentar conforme más practicas, lo que significa que serás capaz de ver cada vez más y más de tu propia aura.

. . .

Compañero

Una vez que puedas cambiar tu percepción visual cómodamente en lo que respecta a tu propia aura, es momento de encontrar un reto o más grande para ti y ver el aura de alguien más. Cuando estás comenzando es más útil pedirle a alguien que conoces bien y con quien te sientas cómodo, en vez de decirle a un simple conocido. De nuevo, elige un lugar silencioso con una pared ligeramente blanca y pídele que se pare a medio metro de ella.

Utiliza la misma técnica que has usado para ver tu propia aura en el Espejo. No te concentres en sus ojos, más bien mira más allá de dónde está parado y permite que tus ojos se desenfoquen ligeramente. Así como no miraste tu cuerpo directamente en el espejo, ignora su cuerpo también y deja que tu percepción visual se extienda más allá de la persona para que puedas captar su aura.

Si sólo pueden ver la capa base como un leve brillo al inicio, eso está bien. Puede parecer algo muy extraño o incómodo tratar de ver el aura de alguien más por primera vez, así que tómate tu tiempo y permanece en calma. Deja que tu visión recorrer toda el área alrededor de su cuerpo y tome en cuenta cualquier diferencia sutil de color, por esta razón la pared blanca es ideal, ya que te permite ver el los cambios sutiles de color. Pide a la persona que se mueva lentamente de lado a lado y práctica mantener tus ojos desenfocados. Con la práctica, conforme la persona se mueve serás capaz de ver las diferencias de color de mejor manera ya que la energía de la persona se mueve, lo que también hace que se muevan los colores de su aura.

Una vez que hayas terminado este paso, asegúrate de hablar con la persona respecto a lo que sentiste y viste. En unos cuantos capítulos hablaremos de los colores y sus significados correspondientes, pero de todas maneras deberías hablar sobre lo que viste con la persona.

Consejos

- Dejar que los ojos se desenfoquen ligeramente puede ser natural para algunas personas, pero, para otras, puede requerir práctica.

- La mejor manera de describir la forma apropiada de hacer esto es utilizar algo que muchos de nosotros recordamos haber utilizado de niños. Muchos de nosotros llegamos a jugar con imágenes tridimensionales conocidas como estereogramas, en las que una imagen estaba escondida en el "ruido" imagen inicial. A primera vista, la imagen puede parecer como una figura idéntica es repetitiva, pero conforme relajas la mirada, surge la imagen de un animal o una figura en tres dimensiones. La manera en la que tus ojos deben relajarse para ver esta imagen es lo que quieres hacer cuando tienes la intención de ver un aura. Incluso si no lo logras fácilmente, con la práctica vas a aprender a controlarlo.

- Cuando estás aprendiendo a ver las auras, los colores probablemente serán bastante fenómenos y tal vez te convenzas de que ni siquiera están ahí. Sin embargo, existe un truco que te puede ayudar a ver incluso los colores más tenues. Vas a necesitar papel de colores y una cartulina blanca para realizar este ejercicio. Recorta círculos de los siguientes colores: rojo, amarillo, naranja, rosa, azul, morado, verde y negro. Coloca uno de estos círculos en la cartulina blanca y quédate viendo al círculo por unos 30 segundos, luego remueve el círculo rápidamente y continúa viendo a la cartulina blanca. Vas a ver el color opuesto al del círculo que estabas mirando; a esto se le conoce como imagen remanente. Relaja tus ojos y vas a descubrir que tu mirada se concentra más profundamente en la superficie de la cartulina blanca, eso es lo mismo que se hace cuando se ven las auras. Continúa haciendo esto con todos los colores y repite el ejercicio con frecuencia. Al hacer esto vas incrementar tu percepción visual al permitir que veas más colores en las auras.

- Recuerda que el ahora de cada persona es diferente, así que debes mantener una mente abierta. No todos van a tener el mismo brillo a su alrededor, pero eso no significa que has perdido tu habilidad repentinamente, solamente significa que esa persona tiene una energía diferente que produce un color diferente. Cuando esto

sucede, suele estar relacionado con la personalidad elemental de la persona.
- También debes recordar ser paciente. Esto es muy importante. Requiere bastante práctica y tiempo dominar esta habilidad. Intenta no ser demasiado duro contigo mismo, ya que eso va a provocar estrés adicional. Las mejores habilidades clarividentes y las más controladas provienen de la tranquilidad y la paz interior, por lo que estar frustrado y estresado no va a ayudar a lograrlo. En vez de preocuparte con la falta de progreso, celebra las pequeñas victorias y sigue practicando.
- No te va a hacer ningún bien tratar de obligarte a hacer algo que no sientas como algo natural en lo absoluto. Existen muchas maneras diferentes de ver y sentir el aura; ni siquiera tiene que involucrar el color en absoluto. Así que, si descubres que no estás llegando a ninguna parte después de varios meses de intentarlo sin ningún resultado, tal vez quieras intentar una técnica diferente. Has nacido con el potencial de leer auras, simplemente necesitas encontrar cual es la técnica que funciona para ti.

- No compares tu camino con el de otros, es todo no es saludable y solamente va a perjudicar tu progreso. Quieres mantener una actitud positiva y abierta cuando interesa al mundo de la lectura de auras, lo que no solamente lo va a hacer más divertido para ti, sino que va a hacer que el proceso sea más disfrutable en general. Así es como debe ser; es algo nuevo y divertido, así que debes esforzarte para que resulte de esa manera.
- Ten en cuenta que debes comenzar con pequeños pasos y tranquilizarte. Asegúrate de sentirte confiado y cómodo con tus habilidades antes de desarrollarlas. No tiene nada de malo tomarte tu tiempo y perfeccionar tus habilidades, después de todo, puedes practicar contigo mismo. También existe la ventaja adicional de llegar a conocerte mejor a lo largo de todo el proceso.
- Existen diferentes ejercicios que puedes realizar para ayudarte a conectar con tus dones psíquicos, así que no tengas miedo de aprovecharlos. Dos de los ejercicios más populares son la meditación y el pensamiento consciente. Aprender a dejar ir

los pensamientos negativos y concentrarse en el aquí y ahora ayuda a canalizar tus sentidos que no son tan tradicionales. Practica el pensamiento consciente para ganar más control de tus pensamientos, ayudándote a lidiar con los estresores de la vida de forma más productiva y saludable al proporcionarte más lugares en la mente para el pensamiento positivo.

No todos están interesados en leer auras, y eso está bien, sólo tienes que saber que, si tú lo estás, puedes tener éxito a la hora de hacerlo. Si practicas regularmente y crees en lo que estás haciendo, entonces vas a comenzar a ver resultados. Todo en este universo tiene su propia energía y vibración; simplemente estás aprendiendo a ver ciertas vibraciones por primera vez.

Piensa en esto considerando lo siguiente: imagina caminar afuera en un día soleado y brillante y luego entras a una habitación completamente oscura. Para ver cualquier cosa, tus ojos necesitan adaptarse, pero eso ni siquiera es suficiente para permitir que ver todo lo que hay en la oscuridad, ya que para eso necesitarías una fuente de luz. Aprender a leer las auras es como buscar el interruptor de la luz y luego ser capaz de ver exitosamente aquellos que ilumina la luz. Tu mundo sigue siendo el mismo, solamente es más brillante, y tienes un mejor entendimiento de aquello que te rodea.

Aprender a ver las auras puede parecer algo complicado, pero puede ser un viaje realmente divertido y satisfactorio. Vas a aprender más sobre ti mismo y a desarrollar una conexión más profunda con lo divino y con el reino espiritual al poder hacer esto.

El simple acto de conectar con tus habilidades internas de clarividencia va a aumentar tu sentido de la percepción y de la conciencia del mundo que te rodea.

3

Cómo sentir las auras

En un no es necesario ver las auras para leerlas, algunas personas tienen predisposición a sentirlas en vez de leerlas en lo que se refiere a habilidades psíquicas naturales.

Aprenderás en ti las auras pueden ser más apropiado para él y si eres más sensible a las sensaciones más generales de la intuición, como puede ser una sensación negativa cuando entras a una habitación sin ser capaz de determinar la razón o cuando te sientes incómodo cerca de una persona sin una razón aparente. La mayoría de las personas llaman a estos "seguir una corazonada" y, lo creas o no, también es una habilidad psíquica básica.

. . .

Así como puedes entrenarte a ti mismo para ver auras, también puedes aprender a sentir las auras.

Las auras son creadas por energía y la energía se puede sentir al igual que se puede ver. Cada una de las capas del aura es capaz de ser percibida por aquellos que son sensibles a ella. En algún momento, es probable que hayas sentido que alguien te mira; este es el mismo concepto. Ningún movimiento te hizo sentir de esa manera, fue la energía que sentiste lo que te alertó de esta sensación. Para empezar, es el aura quien recibe esta información. Dicho esto, no hay una razón por la cual el aura misma no pueda ser sentida al igual que como puede ser vista.

El primer paso para aprender a sentir el aura es aprender a sentir los campos de energía. Al igual que como se aprende a ver las auras, es mejor comenzar con pequeños pasos e ir mejorando poco a poco. A continuación, explicaremos una técnica que desarrolla esta habilidad:

1. Encuentra un lugar en el que te puedas sentar cómodamente en frente de una pared blanca. Disminuye la intensidad de las luces o utiliza velas para una iluminación sutil. Cierra los ojos y

encuentra la paz interior al respirar profundamente varias veces.
2. Deja sensibles tus fibras nerviosas al tallar sus manos entre ellas al menos 30 segundos. Vas a sentir calor, vibraciones e incluso un cosquilleo justo después, se supone que esto debe suceder y es parte del proceso.
3. Estira tus brazos frente a ti con las manos abiertas, ligeramente curvadas, como si estuvieras sosteniendo una enorme pelota invisible, pero tus brazos deben estar estirados casi por completo.
4. Comienza con las manos apartadas por casi un metro de distancia y acércalas lentamente como si quisieras sostener la pelota frente a tu corazón. Lentamente júntalas y apártalas. Necesitas hacer esto unas cuantas veces para adquirir práctica porque, cuando recién comienzas, se puede sentir como un movimiento extraño.
5. Presta atención a cualquier resistencia, fricción o cualquier otra cosa que sientas cuando comienzas a mover las manos. Debes estar atento a cualquier diferencia que sientas cuando están más cerca entre ella a comparación de cuando están más separadas. Tal vez sientas un pequeño tirón

cuando están más cerca y una ligera libertad cuando están más separadas. El campo de energía es lo que crea la resistencia, en este caso es el chakra de tu corazón porque tus manos están frente a tu pecho.

6. Visualiza tus manos acercándose para sostener la pelota invisible y luego separándose. Deja que tu percepción visual interna tome el poder. A esto se le conoce como clarisentencia porque se trata más de sentir que de ver. Tal vez sientas un color o un brillo conforme tus manos se acercan a tu pecho. Para algunas personas, incluso llega a haber un elemento físico añadido a la sensación, como puede ser un cosquilleo, una ligera vibración o unas pulsaciones; eso que sientes es tu propio campo de energía.

7. Continúa realizando este ejercicio de forma diaria, pero concéntrate en diferentes partes del cuerpo. Permítete a ti mismo sentir el resto de tu propia energía y extiéndela lejos de tu cuerpo pasando los 7 centímetros iniciales. Déjate sentir gradualmente el exterior y siente el brillo u los colores asociados con lo que sientes.

Una vez que te sientas cómodo sintiendo tu propio

campo de energía y tu aura, puedes pasar fácilmente a la sensación de las auras de otras personas utilizando la misma técnica. En el sentido más tradicional, la sensación está relacionada con el tacto. Sentir un aura no es muy diferente a eso, solo que, en vez de contacto físico, estás utilizando tu energía para sentir, pero las manos siguen siendo una parte muy importante del proceso.

Practicar tus percepciones

Encuentra a una persona que conozcas bien y con la que te sientas cómodo, ya que este ejercicio te va a ayudar a percibir el aura de alguien más. Así como sentiste el empujón y el jalón entre tus propias manos por tu propio campo de energía y aura, puedes hacer lo mismo con el aura de alguien más. La razón para elegir a alguien con quien te sientas cómodo es porque esta es una experiencia que podríamos llamar íntima, ya que es probable que llegues a sentir lo que esa persona siente. Por ejemplo, si tiene algunos problemas en su vida, tal vez sientas algo pesado, pereza o incluso nerviosismo si es una persona cercana a ti, será mucho más fácil hablar sobre lo que sentiste cuando hayas terminado.

. . .

Elige un entorno similar a donde practicaste, pero haz que la persona se siente en una silla con los ojos cerrados.

Párate exactamente detrás de la persona y frota tus manos entre ellas por al menos 30 segundos para abrir las fibras necesarias para el ejercicio. Manteniendo los ojos abiertos pasa tus manos por su cuerpo sin llegar a tocarlo directamente. Quieres sentir su energía y pasar tus manos por su aura, pero no toques directamente a la persona. Tampoco pases las manos por su cabeza, sólo de los hombros para abajo.

Mueve tus manos hacia tu cuerpo lentamente, da un paso atrás y pon atención a cualquier diferencia en las sensaciones. Recuerda cómo estabas sosteniendo la pelota invisible, imagina que haces lo mismo, pero con el cuerpo de la persona sentada frente a ti. Quieres llegar a sentir cada capa de su aura, así que da un paso atrás por al menos un metro y también debes considerar cualquier diferencia en esta área. Continúa pasando tus manos por el cuerpo mientras te mueves continuamente cerca y lejos de su cuerpo.

. . .

Así como lo hiciste contigo mismo, toma nota mental de cualquier cosa que llegues a sentir. Tal vez puedas llegar a sentir un brillo o un cambio de color conforme te acercas, a tal vez sientas un cosquilleo cuando te alejes. Pon atención a cuándo y dónde estás sintiendo las sensaciones diferentes e intenta separarlas en sus capas correspondientes. Por ejemplo, tal vez sientes más resistencia a los 20 centímetros del cuerpo, lo que significa que es la tercera capa o la capa de la mente.

Ahora párate directamente detrás de la persona y coloca tus manos sobre su cabeza, las palmas en dirección hacia adentro, hacia su cabeza. Cierra los ojos y permítete sentir. Este punto contiene una conexión muy fuerte con el aura y tú serás capaz de sentir más cosas en ese lugar.

Deja que tu intuición interna sea la que te guíe en las sensaciones de su aura. Considera todas las sensaciones que sientes por medio de tus energías conectadas. Incluso puedes ver flashes de imágenes en tu cabeza, toma nota mental de ello para que puedan hablarlo después y continúa absorbiendo todo lo que su aura tiene para decirte.

. . .

Mueve tus dedos hacia la parte superior de su cabeza y concéntrate en cualquier sensación nueva. Este es el chakra de la corona y contiene los ideales espirituales y, por lo tanto, mucha percepción interna. Tómate el tiempo que necesites haciendo esto y pon mucha atención a incluso las sensaciones más pequeñas. Esto se trata de sentir, así que intenta sentir lo que su aura está reflejando, deja que tu energía haga que la suya te dé la información que buscas. Siente cualquier cambio en las emociones o incluso los cambios físicos, igualmente considera el frío o los cosquilleos. Sin sacar conclusiones apresuradas, toma nota mental de cualquier impresión mental que hayas recibido; por ahora sólo tienes que sentirlas, no interpretar lo que significan.

Una vez que te sientas cómodo terminando la sesión, habla de lo que sentiste con la otra persona. Comienza preguntando si llego a sentir cualquier cosa cuando estabas pasando tus manos por su aura. Algunas personas pueden ser que no entiendan a qué te refieres, así que asegúrate de explicar que puede ser algo tan sutil como un brillo de luz o una sensación de resistencia. Una vez que tengas algo de entendimiento sobre lo que sintió la persona, le puedes describir lo que sentiste. Si llegaste a sentir una emoción específica como pereza, puedes preguntarle por qué cree que pudiste haber sentido esa emoción en particular. Si sentiste algo en una capa específica, habla con la persona respecto a lo que corresponde a esa capa. Un ejemplo anterior fue la capa mental, así que, si tuviste una sensación en esa capa, puedes preguntar qué le ha pasado últimamente que pudo haber causado una perturbación en esa área en específico.

Las probabilidades son que hayas podido sentir flashes de color en el ojo de tu mente durante el ejercicio. Las auras funcionan con colores, y esos flashes que percibiste estarían a la par con los de una persona que está leyendo y que puede ver las auras. Así pues, aunque no hayas podido ver los colores con tus ojos, de todas maneras, los estás sintiendo.

Cuando recién estás aprendiendo a sentir las auras, es una buena idea llevar un diario de las sensaciones que tuviste, tanto las tuyas como las de la otra persona.

Cuando aprendas a interpretar lo que significan, eso hará mucho más fácil para ti tener un punto de referencia al que puedas volver si no recuerdas algo. Cuando se lidia con habilidades psíquicas, incluso las cosas más pequeñas pueden ser importantes, por lo que tener un diario detallado te ayuda a mantener un registro de todo.

Esto puede no parecer algo fácil al inicio, pero entre más lo practiques y le dediques tiempo, se volverá más fácil. Existen maneras para desarrollar este sentido a lo largo del día que no implican una experiencia uno a uno con alguien más. Para aquellas personas que son especialmente sensitivas a las emociones, les puede llegar a costar trabajo estar en grupos muy grandes porque se sienten abrumadas con la gran cantidad de emociones que están sintiendo. Si tú no eres una de estas personas, pero deseas sentir más, la próxima vez que entres a una habitación, pon atención a cada pequeña sensación y emoción que esté a tu alrededor. Suele llamarse una "vibra" que las personas perciben y, lo creas o no, la mayoría elige ignorarla. Sin embargo, tienes el poder de concentrarte en ella y dejarte a ti mismo sentir todo.

Puedes fortalecer esto al permanecer en el momento. Entrénate a ti mismo para detenerte un minuto y sólo absorber lo que sientes a tu alrededor, así como lo hiciste con tus manos y con tu propia energía. Tómate el tiempo que necesites para sentir todo lo que puedas en cualquier lugar en el que estés. Entre más lo hagas, más capaz serás de captar las sensaciones y emociones, lo que hará que se vuelva mucho más fácil para ti sentir las auras. Desarrollar las habilidades psíquicas no es tan difícil como las personas creen que es. Muchas personas dependen de ellas mucho más de lo que llegan a darse cuenta, así que ya están ahí, sólo necesitas ser capaz de aprovecharlas cuando elijas hacerlo sin necesitar de un estímulo externo.

4

Cómo reconocer las auras

Hay muchas cosas por saber sobre las auras ya que son muy complejas y únicas para cada individuo. Son tan únicas como una huella digital y existen, tanto lo sepamos como si no. Cuando lidiamos con el reino espiritual o con lo divino, algunas personas son escépticas y no creen en esas cosas. Sin importar si hay quienes creen o quienes no, sigue siendo algo real. Educarte sobre las auras te ayuda a identificar lo que realmente significan, que son mucho más que solo simples colores. Se crean a partir de quienes somos como individuos, se nuestros pensamientos, emociones, conductas, experiencias e idea.

Para conocer un aura, no debes asumir que lo que ves es todo lo que hay y que es algo permanente. Así como cambian los pensamientos y las emociones de una persona, lo mismo sucede con el aura.

Así pues, lo que se ve un día puede no ser lo mismo al día siguiente. Algunos lectores de auras nunca llegan a ver los colores, pero son excelentes lectores porque utilizan otras habilidades psíquicas que les permiten recibir la misma información. El color es importante, pero no es necesario ver los colores para ser un lector de auras exitoso. La información que buscas como lector no sólo se muestra en los colores, ya que nuestra energía y nuestra vibración son mucho más poderosas que eso; después de todo, es lo suficientemente magnífico como para crear, en primer lugar, un aura. Aprender a confiar en tus dones y fortalezas te hará más exitoso que intentar forzarte a ti mismo a hacer algo que no sientes natural.

La lectura del aura también es algo más que sólo ver lo que se te ofrece en la superficie. Hay muchas más cosas que solo "vibras" positivas y negativas. Piensa en eso en términos de literatura; necesita saber cómo comprender e interpretar lo que lees. Existe una diferencia entre una afirmación vaga que podría ser verdad para casi cualquiera y una lectura detallada y estudiada que está basada en profundidad y detalle. Los mejores lectores y los más experimentados saben que lo que ven en la superficie no es la historia completa.

También saben que el aura representa un mapa de muchas cosas diferentes que hemos hecho a lo largo de nuestras vidas, algunas de las cuales dejan una marca permanente, mientras que otras son pasajeras. Es importante hacer una diferencia entre las dos, pero ambas son importantes de todas maneras.

Las auras están directamente relacionadas con los chakras, los cuales han sido estudiados por miles de años. La palabra misma proviene del sánscrito antiguo, y significa rueda. El chakra es un centro energético que gira igual que una rueda. Este centro de energía se conecta con el cuerpo físico de la persona por una parte y, por otra parte, se conecta con el universo, la creación, la cual es su fuente. Por eso es el centro de un círculo, porque recibe y envía información en ambas direcciones. Además, tiene que haber un flujo constante, debe haber movimiento constante. Puedes pensar que es similar a un río. No puede existir un río sin movimiento.

. . .

Existen muchas teorías sobre los chakras, pero, según la filosofía más básica, existen siete chakras en el cuerpo humano. Cada uno de los siete se conecta con un órgano físico interno y es responsable de otra área de la vida. Cada uno gobierna un órgano y un área diferente. Cada chakra, así como cada órgano y cada área de la vida, está relacionado entre sí, el movimiento de uno afecta al otro.

Cada uno es causa y consecuencia de los otros.

Hay chakras que tienen una conexión más fuerte con otros. También, no lo olvidemos, se conectan con nuestro cuerpo, del cual obtienen información y energía. A cambio, los chakras también responden al cuerpo con energía e información.

Cada uno de los chakras tiene almacenados cerca de 50 tipos de información diferente. Esa es mucha información sobre el cuerpo humano, incluyendo emociones, salud física, rasgos de carácter e incluso preocupaciones del consumidor. Por esa razón, nuestra aura puede revelar mucho sobre nosotros mismos; está relacionada directamente con almacenamientos masivos de información dentro de nuestros cuerpos. Saber cómo leer las auras no es algo paranormal o extraño. Más bien, te puede ayudar a descubrir problemas y situaciones ocultas para que así puedas vivir una vida más saludable y feliz.

Los chakras, como ya sabrás, pueden llegar a afectar nuestro cuerpo físico. A nivel corporal, los chakras se conectan con el sistema endocrino, es decir, con el sistema hormonal. Cada uno de los chakras se conecta con una glándula.

Si sabes algo de anatomía humana, sabrás que las hormonas son químicos que nos hacen funcionar correctamente, cuando hay un balance, claro. Por medio de las glándulas se comunica con todo el cuerpo ya que van al sistema nervioso y de ahí a los órganos específicos correspondientes y al cerebro, el principal procesador de información.

Algo muy impresionante de todo esto es que las civilizaciones antiguas comprendían cómo funcionaba, las relaciones físicas y las funciones de las hormonas. El significado de la palabra "hormona" viene del griego "estimular". Esto quiere decir que los griegos comprendían que las hormonas estimulaban los procesos del cuerpo humano. Igualmente, a diferencia de las civilizaciones actuales, comprendían y le daban más valor a la relación tan profunda entre el cuerpo y el alma, entre las energías y los procesos hormonales.

La mayoría de los chakras son responsables de funciones diferentes y de diferentes órganos, aunque algunos comparten partes del cuerpo y la dominan en conjunto.

Del segundo al sexto chakra se dividen cada uno en secciones delanteras y traseras.

Estas secciones crean un movimiento en forma de "8", por lo que hay un flujo con un movimiento apacible y uniforme cuando todo está balanceado.

Existen ciertos rasgos, tanto debilidades como fortalezas, que siempre serán visibles en nuestras auras. Es importante saber lo que son para que puedas aumentar tus fortalezas y no dejar que tus debilidades te hagan perder la batalla. Tu aura contiene esta información porque, lo quieras o no, estas cosas son parte de la vibración y de la energía que emana de tu persona. Saber las cosas que debes buscar en tu propia aura te ayudará a saber qué buscar en los demás. Ya que las ubicaciones de todos los chakras son iguales, siempre va a haber un origen por capa.

Todos tenemos hábitos y patrones, algunos de los cuales pueden ser detectados desde nuestra infancia. Desafortunadamente para nosotros, no todos son positivos. Algunas personas se quedan atrapadas en el miedo al comenzar con pensamientos negativos que comienzan con oraciones de "¿Y si...?", otros tienen la tendencia de guardar rencores y son incapaces de seguir adelante. Bueno, nuestras auras también reflejan estas cosas. Este tipo de cosas pueden llegar a distorsionar nuestra alma y mezclarse con tu aura, dejando manchas oscuras donde podría haber luz. Esto suele ser reconocido como escombros astrales. Aunque es parte de nosotros, no tiene por qué serlo.

Somos capaces de liberarnos de nuestros miedos y crear hábitos y patrones nuevos y más positivos. La energía no puede ser destruida, pero puede ser cambiada, eso es algo que siempre se debe tener en mente en cuanto a lo que se refiere a tu aura.

Todos nacemos con el don necesario para leer auras; el asunto está en aprender a usarlo. Existen muchos obstáculos y bloqueos, muchos de los cuales fueron creados por nuestras propias mentes y nos impiden aprender a usar nuestros dones. Estos obstáculos y bloqueos pueden ser cualquier cosa desde el miedo al fracaso hasta hacer cosas que van en contra de nuestras propias habilidades personales.

Existen muchas técnicas y combinaciones de técnicas diferentes que permiten a una persona leer las auras. Si crees que estás esforzándote y trabajando demasiado, pero estás obteniendo pocos resultados, intenta cambiar a algo que funcione mejor para ti. No todas las personas reciben la información de la misma manera, y eso no tiene nada de malo.

Tu viaje es único y especial para ti, y saber qué es lo que funciona mejor para ti es parte de eso. Así que, si no estás viendo los colores, pero estás detectando imágenes o símbolos, o viceversa, aprende a trabajar y a interpretar lo que se te ha dado.

Leer las auras puede ser una herramienta práctica y útil. Algunas empresas incluso utilizan a los lectores de auras para detectar a posibles empleados porque el aura de una persona revela si la persona tiende o no a la crueldad, al engaño o a la violencia. Casi todas nuestras conductas dejan un mapa en nuestra aura; los lectores de auras experimentados también pueden saber si una persona tiene una adicción a las drogas, ya que ese tipo de cosas también dejan una marca. También funciona en el otro sentido; es una gran manera de ver las cosas buenas que se ocultan en las personas. Hay individuos que simplemente son naturalmente tímidos y son más cerrados, pero su aura muestra que son personas amables y talentosos.

Conocer las auras puede parecer algo tan complicado como aprender un nuevo idioma, pero, al final, vale la pena ya que funciona casi como una llave a un mundo nuevo.

. . .

No sólo te da la oportunidad de conocerte mejor a ti mismo, sino que también te da la oportunidad de ver a las otras personas de una manera más profunda y significativa. Saber cómo usar las auras en tu beneficio te ayudará a tener una vida más saludable.

Con la información proporcionada hasta ahora, puedes hacer unas cuantas cosas para ayudar a que tu aura sea más brillante. Por ejemplo, ahora sabes que tu aura refleja tu salud física, así que para hacer que esa capa sea más brillante tiene sentido que comas de forma saludable y hagas ejercicio para estar lo más saludable que puedas. Otro ejemplo puede ser que sabes que aparecen manchas oscuras por aferrarse a los miedos y a las experiencias negativas pasadas, por lo que es buena idea dejarlas ir y concentrarse en las cosas positivas.

Una de las mejores maneras de llegar a conocer tu propia aura es dedicar algo de tiempo a la lectura de tu propia aura. Reserva algo de tiempo tan frecuentemente como puedas para dedicarle algo de atención a tu aura, conoce bien tus fortalezas y debilidades. Con el tiempo serás capaz de controlar más tus pensamientos y, con suerte, dedicar la mayoría de tu tiempo y energía a lo positivo y no a lo negativo, lo cual se verá reflejado en tu aura.

Recuerda divertirte y apreciar tu viaje único. Es muy fácil perder de vista lo que es importante cuando estás trabajando para cumplir un objetivo, pero no dejes que este deseo sea una de esas ocasiones. Vas a aprender muchas cosas sobre ti mismo y sobre los demás, por lo que deberías disfrutarlo. Habrá muchos pequeños éxitos que puedes celebrar a lo largo del camino. Por eso debes ser paciente, confiar en ti mismo y disfrutar el camino.

5

El significado de los colores

Hay una creencia común que dice que el color del aura de todos los individuos es el mismo y que solamente varían de intensidad. La verdad de este tema es que las auras vienen en diferentes colores. Cada color no se puede decir que proporcione información directamente, pero es muy importante observar la tonalidad del color para obtener una lectura acertada. En esta sección vamos hablar de todo lo que necesitas saber sobre los colores del aura y sus significados.

Existen siete capas diferentes en el aura humana, las cuales todas corresponden con un chakra en específico.

. . .

Cada capa y cada chakra ya están asociados con un color.

Los sanadores creen que cuando uno de estos colores se vuelve opaco o se desbalancea significa que el cuerpo está sufriendo.

Los chakras reciben 21 frecuencias de luz del universo, las cuales se dispersan en forma de color.

Chakras y sus colores

La primera capa es la que está más cerca del cuerpo y es la que corresponde al primer chakra. Así funciona consecutivamente hasta la séptima capa.

Capa 1 - primer chakra: el chakra raíz, el color rojo y el cuerpo etéreo.

Capa 2 - segundo chakra: el chakra del sexo, el color naranja y el cuerpo emocional.

Capa 3 - tercer chakra: el chakra del plexo solar, el color amarillo y el cuerpo mental.

Capa 4 - cuarto chakra: el chakra del corazón, el color verde y el cuerpo astral.

Capa 5 - quinto chakra: el chakra de la garganta, el color azul y el cuerpo arquetípico.

Capa 6 – sexto chakra: el chakra del tercer ojo, el color morado y el cuerpo angelical.

Capa 7 – séptimo chakra: el chakra de la corona, el color blanco y dorado, y el cuerpo cetérico.

Aunque estos colores están asociados con ciertas capas y con ciertos chakras, eso no significa que todas las auras los van a contener. Ahora vamos a explicar los colores y el chakra con el que están asociados. La mayoría de las personas tienen un color que domina su aura con unos cuantos colores mezclados. Las circunstancias actuales y las experiencias influencian el color del aura y estar fuera de balance es algo extremadamente común. Esto significa que los colores que normalmente están asociados con una cierta capa están siendo sustituidos por otro color que está asociado con los pensamientos y emociones actuales, incluso por una enfermedad.

Los significados de los colores son complejos ya que están envolviendo características de la personalidad basadas en el color, pero luego también están los significados específicos que dependen de la tonalidad. Por eso es importante conocer todos los colores y sus tonalidades cuando se hace una lectura. Por ejemplo, si ves un aura que es en su mayoría de color morado, pero que tiene unas tonalidades de rojo y de verde, pero solo eliges hablar del morado, no estarías dando una lectura apropiada ni precisa. Así como las auras son complejas, también lo son los significados detrás de ellas. Los chakras, y por lo tanto las auras, contienen mucha información, por lo que sería demasiado vago y genérico sólo concentrarse en un color e ignorar las otras tantas tonalidades y significados que podrían revelar mucho más.

Rojo – Primer chakra

El color rojo es considerado el más poderoso de todos los colores del aura. Puede significar tanto positividad como negatividad, por lo que tiene la habilidad de atraer y repeler dependiendo de la situación.

Los individuos con un aura roja son enérgicos y siempre están buscando la próxima aventura. Son aventureros con sus parejas sexuales, con la comida y con los viajes, pero también se enojan fácilmente, lo que puede ocasionar problemas con frecuencia. También se sabe que tienen un mal temperamento, pero pueden ser muy generosos con su energía y tiempo cuando se les pide ayuda. Aquellas personas que tienen auras rojas son fuertes tanto de cuerpo como de mente y no se enferman fácilmente.

Debido a su naturaleza física, tienden a sobresalir en los deportes y se aburren fácilmente. También se sabe que suelen comenzar proyectos y no los terminan debido a que su periodo de atención es muy breve. Prosperan con la competencia y disfrutan ganar; esto suele significar que son personas exitosas en la vida. Sin embargo, no les gusta que les digan qué hacer y son más felices cuando son sus propios jefes.

El rojo se relaciona con el cuerpo físico, como con la circulación sanguínea y con el corazón.

El chakra rojo, el chakra raíz, se localiza cerca del perineo, entre el órgano sexual y el ano.

El mensaje principal que transmite el rojo es estabilidad, que tiene los pies en la tierra, voluntad física básica para existir y para la supervivencia.

· · ·

A un nivel emocional el primer chakra es el que nos ayuda a conectarnos como humanos con el mundo material. Es la base para el funcionamiento apropiado de otros chakras y de la existencia humana.

Este chakra contiene la existencia de todas las pasiones humanas y las necesidades básicas para sobrevivir, como la estabilidad, la seguridad, el alimento y el refugio. Es el responsable de nuestra experiencia existencial, de nuestra conexión con la tierra, con lo material y con lo físico. Por esa razón, la mayoría de los problemas que se traslucen en este nivel tienen que ver con cuestiones de supervivencia. Cualquier experiencia que nos haga sentir como que nuestra existencia está siendo amenazada, una situación de vida o muerte, deja una marca en el aura roja.

Expresa una elección personal de existir terrenalmente con un cuerpo arraigado, se puede decir que se siente más vivo que muchos.

También alude a las respuestas simultáneas, a la habilidad para ganar dinero. Son personas que les gusta comer de forma saludable.

. . .

Al ser el chakra cercano a los órganos sexuales tiene un gran impacto en la fertilidad, pero con relación a la permanencia en la tierra, por lo que se trata de continuar la descendencia para continuar con la supervivencia de los genes. Tiene una gran salud sexual.

Cuando el chakra raíz se abre y se encuentra en un estado balanceado, la persona va a sentir una fuerte conexión con la tierra y con otras formas naturales. En ese momento, el individuo se va a sentir lleno de vida y de interés, al estar con los pies en la tierra sentirá estabilidad, satisfacción y mucha fuerza interior. Una persona que abre su primer chakra siente que es capaz de tomar las decisiones necesarias para su vida y de llevarlas a cabo, siente una energía y claridad mental necesaria para discernir.

Por el contrario, las personas que tienen un chakra rojo desbalanceado o que tiene muy poco, van a sentir que les falta vitalidad, se sentirán desconectadas e incapaces de manejar las situaciones de la vida, se sienten indefensas, inseguras y demasiado desarraigadas. Esto implica problemas de dependencia, inseguridad, miedo o que toman muchos riesgos. Si el chakra se ve afectado, se van a generar miedos, sensación de no pertenencia, problemas con la familia o problemas de independencia.

Es posible que un individuo con el chakra rojo afectado sienta que le falta control, que no puede confiar en nadie.

En cuestión de lo sexual, debido a su relación con el chakra rojo, si hay problemas, la persona tenderá a la promiscuidad o a ser demasiado frívola. También tendrá problemas con el control.

Los mejores años para desarrollar el chakra raíz son del primer año de vida a los 5 años. Por esa razón, la mayoría de los problemas en este chakra van a tener su origen en traumas o malas experiencias durante estos años principalmente, aunque no se descarta en años futuros.

Las personas que sufren de un gran desbalance en este chakra sufren o van a sufrir de obsesiones y adicciones si no lo tratan. También pueden desarrollar trastornos alimenticios y experimentar problemas de abundancia.

• • •

Los órganos que gobierna el chakra rojo o raíz son: la pelvis, espalda baja, centro sexual, hueso sacro, vértebras lumbares y la cadera, ligamentos de la cadera, rodillas, tobillos, dientes y encías, estructura de la mandíbula, la próstata, ovarios, útero, sistema linfático, glándula adrenal, vejiga, riñones y el intestino grueso. Las enfermedades que puede desarrollar son hemorroides o estreñimiento.

Las enfermedades que se relacionan con este chakra son, por lo general, dolor en la columna, escoliosis, problemas en la espalda baja o en las vértebras. Esto se debe a que la columna vertebral simboliza el soporte. Si la persona no tiene fe en el universo y en las personas que lo rodean, si no se siente aferrada a la vida terrenal, entonces va a desarrollar problemas en su sistema de apoyo, es decir, la espalda, la columna, rodillas, pelvis, tobillos, tendón de Aquiles, etc. Por esta razón, también puede desarrollar artritis u osteoporosis.

Las cosas que puede hacer para fortalecer su chakra es usar ropa roja y decorar sus alrededores con ese color.

• • •

Puede hacer jardinería para mejorar su conexión con la tierra o practicar con instrumentos de percusión. Llevar a cabo actividades simples del día a día, como cocinar.

Puede trabajar en sus traumas de la infancia, fortalecer su confianza. Puede ayudarse con cristales.

- Rojo oscuro: realista, orientado a la supervivencia, mucha fuerza de voluntad. El aura rojo oscuro significa que tiene los pies en la tierra y que eres una persona autosuficiente. Las personas que tienen este color de aura son capaces de sobrevivir en diferentes circunstancias.
- Rojo turbio: agresión y enojo. Este color de aura tiene una connotación de energía negativa, así como un enojo demasiado profundo.
- Rojo brillante: apasionado, sexual, enérgico, poderosos y competitivo. Este color indica sexualidad, pasión, competitividad y una gran energía.

Naranja – Segundo chakra

· · ·

El aura naranja suele ser asociada con la reproducción y las emociones que están ligadas a esa región particular del cuerpo.

Aquellos con un aura que es en su mayoría naranja son individuos sociales y generosos. Se sienten cómodos siendo el centro de atención o adaptándose al entorno social. Son buenos eligiendo regalos para otras personas debido a su naturaleza generosa. Las personas con auras naranjas también están en sintonía con las emociones de los demás y son muy buenos para sentir tanto el dolor como la alegría en los demás. Pueden ser personas muy encantadoras, pero también con un temperamento irascible y terco. Son muy buenos amigos y no guardan rencores si les ofrecen una disculpa honesta. Son confiados en todos los aspectos de sus vidas y tienden a llevar una vida exitosa y feliz. También suelen tomar decisiones sin pensar en las consecuencias; estas decisiones apresuradas suelen llevarlos a relaciones personales poco saludables.

El naranja se relaciona con las emociones y con los órganos reproductivos. El chakra naranja se localiza cuatro dedos abajo del ombligo.

El mensaje principal del chakra naranja es el flujo,

la honestidad emocional e interna, un sentido del otro, es creatividad, cambio y sexualidad.

A un nivel emocional, el chakra naranja es la entrada a nuestros sentimientos más profundos y su relación con la energía sexual. Se relaciona con el flujo y con el cambio.

Controla el humor de la persona y desencadena las emociones, las cuales nos motivan a actuar. Estas son las emociones que se relacionan con el entorno exterior de la persona, es decir, la reacción emocional a lo externo.

El chakra naranja también es el responsable del sentido del gusto y del apetito, en relación con la comida y la sexualidad, así como su relación entre ellos.

En lo físico, este chakra activa los jugos gástricos. Da las órdenes al cerebro que están relacionadas con la estimulación, con la creatividad y el sexo.

. . .

También es responsable de las emociones y de su entorno, de las relaciones personales del individuo, de su habilidad para contenerse, y tanto de los aspectos femeninos como de los masculinos.

También se dice que se asocia con la lujuria en todos los niveles y con la imagen personal en términos del cuerpo y de la sexualidad. La energía del chakra del sexo la obtiene del chakra raíz.

Aunque el chakra raíz que está alimentado de forma apropiada, le proporciona al chakra del sexo las cualidades de seguridad y luego se puede experimentar al otro como un ser separado, pero al mismo tiempo como parte de uno mismo.

El chakra naranja se relaciona con la dinámica de la persona con los demás, con la imagen que perciben del entorno y con su propia confianza para enfrentar las cosas externas.

Cuando el chakra no está balanceado puede ocasionar situaciones e indiferencia hacia los demás, una falta de concentración con la persona misma o justamente lo opuesto, generar una gran dependencia que uno no sabe dónde termina su persona y donde comienza la del otro, también puede ser una relación simbiótica.

Los niños más importantes para el desarrollo de este chakra son de los cuatro años de edad hasta los ocho. A esta edad se descubre el yo y se prueba los límites y las capacidades, también se enfrentan los sentimientos con las cosas que lo rodean.

Cuando el niño crece en un entorno lleno de crítica y tienen muchas expectativas poco reales para el infante, esto puede resultar en deshonestidad por su parte. Lo mismo puede decirse de castigos poco razonables o demasiado extremos, lo que va a hacer que el niño busque refugio en las mentiras. Cuando el niño siente que está siendo sometido a cumplir con las expectativas que el entorno tiene para él, va a sentir poca autoestima y creerá que es despreciable.

Una de las características de las que se encarga el chakra naranja es la honestidad con uno mismo y con sus alrededores. Muchos de nosotros hemos llegado a experimentar un estado en el que nos mentimos a nosotros mismos o en el que hacemos de la vista gorda por razones diferentes.

Cuando nos sentimos inseguros, muchas de nuestras preocupaciones vuelven para molestarnos, también surgen los miedos por el futuro y hacia los demás.

Esto es lo que lleva a una falta de honestidad con nuestros alrededores y con nosotros mismos. Esto tiene su origen en el miedo, ya que creemos que al ser honestos podemos llegar a lastimar a nuestros seres queridos.

Cuando el chakra naranja no tiene balance esto se va a expresar como frivolidad, falta de placer sexual, problemas para mantener el poder y el control sexual. Igualmente puedes sentir una falta de pasión, ya sea sexual o pasión por cumplir las propias metas. También puede carecer de creatividad, sentirá cansancio por la vida, una sensación de vacío constante, falta de sociabilidad y una soledad casi permanente. En los hombres puede llegar a tener eyaculación precoz e impotencia. En general, se trata de una falta de placer por la vida y una incapacidad para disfrutarla.

. . .

Por su parte, el segundo chakra tiene dominación sobre los ovarios, riñones, tracto urinario y todos los fluidos corporales como la sangre, líquido linfático y orina. Igualmente domina la espalda baja, el estómago, el bazo, el páncreas, el sistema endocrino, el sistema reproductivo y los genitales. Cuando este chakra está desbalanceado, puede llegar a afectar cualquiera de estas partes.

Algunas cosas que se pueden hacer para fortalecer y balancear el segundo chakra es pasar más tiempo cerca del agua, ya sea un pozo, un riego, un estanque, el mar e incluso se puede poner una fuente en el hogar. Otra forma de lograrlo es por medio de la meditación con agua. Pueden ayudar la meditación espiritual consciente y trabajar con las emociones para permitir su expresión hacia el mundo exterior.

Los significados asociados con las diferentes tonalidades del aura naranja son los siguientes

- Rojo naranja: poder creativo y confianza. Este color indica un gran poder personal, así como también confianza. Las personas

con un aura rojo naranja tienen un gran poder sexual.
- Naranja brillante: esta tonalidad significa una buena salud y una vida vibrante. Una gran cantidad de este color también puede significar que está tratando de superar un fuerte deseo o una adicción.
- Naranja amarillo: inteligente, perfeccionismo, atención al detalle y científico. Este color indica que la persona es una perfeccionista. También puede indicar que ama el trabajo detallado, así como las tareas que son un reto en lo mental. La mayoría de los intelectuales suelen tener este tipo de aura.

Amarillo – Tercer chakra

El aura amarilla tiene una correlación muy importante con el bazo, el cual es la fuente de energía de las personas. También es el lugar donde surge el "chi".

. . .

Aquellos individuos con un aura amarilla son muy inteligentes y analíticos, son sorprendentes maestros, científicos e inventores debido a esto. Sin embargo, su ética laboral se puede salir de control haciendo que se vuelvan adictos al trabajo, lo cual hace que sea difícil para ellos mantener relaciones personales saludables. Se sienten bien estando solos y no llegan a sentirse en soledad, pero son propensos a presiones mentales, lo que puede hacer que se vuelvan más retraídos o deprimidos. Son individuos inspiradores y se sienten cómodos hablando sobre sus ideas en frente de muchas personas. Las personas de aura amarilla también son buenas para leer a las personas y tienen un sentido de la percepción superior a la persona promedio. Eligen a sus amigos con sabiduría y tienden a gravitar hacia las personas que son tan inteligentes e ingeniosas como ellas.

Para otras personas, pueden parecer excéntricas con pasatiempos o intereses extraños. Son pensadores poco convencionales y poco ortodoxos, generalmente eligen seguir a su cerebro en vez de a su corazón. También pueden ser increíblemente críticos, tanto con ellos mismos como con los demás.

. . .

El amarillo se relaciona con la energía de vida y con el bazo. Corresponde al tercer chakra y se ubica debajo del diafragma, en el esternón. Su principal mensaje se trata de la voluntad, del carisma, de la razón, la lógica, la perseverancia y el conocimiento de uno mismo o el ego.

El tercer chakra es el centro de nuestro poder personal en cuanto a lo emocional. Por medio de este centro podemos interactuar activamente con los otros seres humanos y con el mundo físico. También se llega a relacionar con nuestros límites y con nuestra habilidad para establecer unos límites adecuados para nosotros mismos, de forma tal que podemos tener un espacio personal en este mundo. También se refiere a la forma en la que procesamos el mundo, nuestra presencia en este y el diálogo que llegamos a tener con el mundo que nos rodea.

A un nivel emocional, el chakra amarillo también se encarga de la manera en la que proyectamos nuestro propio ser hacia el exterior, es decir, la imagen interna que reflejamos hacia los demás, a lo cual también se le puede llamar carisma.

. . .

Por otra parte, también se trata de cómo llegamos a reflejar lo exterior hacia lo interior y viceversa. Por esa razón, tiene que ver con el poder personal, la personalidad y la forma en la que el interior experimenta el mundo exterior. Esto es lo que lleva a traducir esas experiencias y crear la imagen que tenemos del mundo, para luego reaccionar de forma apropiada. Se puede pensar que el chakra es amarillo como un sol que irradia sus rayos hacia el mundo exterior, así es cómo funciona nuestra expresión con el mundo.

El chakra marido también se asocia con la intención, la perspectiva, la fuerza de voluntad, la autodisciplina, el respeto por uno mismo, la motivación, el carisma, la fuerza, la resistencia y las acciones asertivas.

La edad para desarrollar este chakra es de los ocho años hasta los trece. A esta edad, el ego del niño crece y se desarrolla.

Comienza el proceso del entendimiento de uno mismo, por lo que se vuelve más demandante, desarrolla su conciencia a las diferentes convenciones sociales y se vuelve consciente de su apariencia, de sus ropas, del éxito que tiene en la escuela y otras tantas cosas. A esta edad, el niño intenta ser aceptado en la sociedad y comienza a comprender y a considerar los sentimientos de los demás.

Llega a desarrollar su propia perspectiva y siente una necesidad por tomar sus propias decisiones.

A esta edad eres cuando el niño vive el proceso de cambio de infante era adolescente, por lo que tiene que enfrentarse a una nueva etapa de aceptación de responsabilidad, de sus tareas y de sus compromisos, los cuales comienzan a moldear la escala de la personalidad del niño y su aceptación de las expectativas sociales.

Cuando el chakra amarillo está balanceado y hay una armonía, se puede sentir una gran paz interior. La persona siente paz consigo misma, con su rol en la vida y con el entorno. La persona es capaz de respetar su carácter y los sentimientos de los demás. Se siente llena de energía, activa, asertiva, independiente y tolerante.

. . .

Una conciencia saludable del tercer chakra se refleja en su conexión con lo que es correcto para la persona, lo que es necesario y cuál es la forma correcta de actuar. Tiene que ver con la habilidad para elegir. Se trata del sentido de sentirse cómodo en el mundo y con el universo.

Una falta de balance en el tercer chakra llega a manifestarse como un fuerte deseo por controlar su mundo interior y el mundo exterior. El ego no tiene un balance y existe una necesidad de sentir respeto y de reconocimiento social que puede llegar a manifestarse como rebajar a los demás con el objetivo de tener más estatus social.

La persona puede llegar a volverse manipuladora, arrogante o abusar de su poder cuando no hay un balance con esta energía espiritual. Se siente insatisfecha con la vida, lo cual es una situación que puede ser causada por una falta de aceptación durante la infancia y la adolescencia, la cual lleva a una devaluación de uno mismo y a una sensación de que no vale nada. Toda esta situación lleva a demasiada crítica hacia uno mismo. Además, si experimenta el mundo como algo imposible de enfrentar y con demasiados obstáculos, pero la persona, en vez de enfrentarse a ellos, decide rendirse y renunciar a sus deseos.

Si llegara a existir un exceso del chakra amarillo, puede suceder todo lo opuesto. La persona llega a sentir que no hay otra manera de funcionar más que obligarse a forzarse una y otra vez, de obligar su existencia en el mundo y de tomar el control de todo lo que la rodea.

Una persona que no tiene un chakra amarillo balanceado se sentirá angustiada, insegura, nerviosa y aprehensiva.

Su habilidad para manejar las situaciones difíciles será reducida y sentirá que su poder es demasiado débil. Tiene problemas para enfrentarse a los cambios y a las nuevas experiencias. Prefiere retraerse en su interior en vez de enfrentarse y superar los obstáculos. Por otra parte, también puede ser demasiado extrovertido cuando tiene demasiado trabajo o cuando está bajo mucha presión. En ese momento es cuando se pueden ver las expresiones de un ego poco saludable, de arrogancia y de un cansancio emocional excesivo.

· · ·

Las partes físicas del cuerpo que domina el tercer chakra son el diafragma, el estómago, el hígado, la vesícula, el bazo y otros órganos del sistema digestivo.

Los problemas relacionados con este chakra se pueden manifestar como indigestión, agruras, reflujo, problemas respiratorios ocasionados por algún problema en el diafragma y dolores en la zona dorsal de la espalda.

Algunas cosas que se pueden hacer para fortalecer el chakra es trabajar con la imagen personal y la confianza en uno mismo. Se puede usar más ropa amarilla y decorar los alrededores con amarillo.

Algunos diferentes significados del amarillo según su tonalidad son los siguientes:

- Amarillo pálido: consciencia espiritual, esperanza y optimismo. Un aura de color amarillo pálido indica que la persona ha logrado embarcarse en su viaje espiritual. También significan que ha descubierto sus habilidades psíquicas y que ha renovado el

sentido de la esperanza y la emoción por el futuro.
- Amarillo brillante: luchan por obtener el poder y tienen miedo de perder el respeto de otros, el prestigio o el control. Otra opción del amarillo brillante es que has logrado la inspiración o el despertar del espíritu. También tienen un carácter muy juguetón y siempre actúan de forma directa respecto a los pensamientos.
- Dorado: inspirador y una gran energía espiritual.
- Amarillo oscuro: estudiante, deprimido, pierde el tiempo y demasiado analítico.
- Amarillo oscuro con tintes café: este es el color que suelen presentar los estudiantes que siempre sienten presión para lograr sus metas académicas. Sin embargo, el color de esta aura también es una señal de advertencia de que estás perdiendo el interés en el aprendizaje y que consideras que el estudio es una tarea cansada.
- Amarillo limón: este color de aura representa el miedo a la pérdida. Esto puede ser la pérdida de un ser amado, del trabajo, de una relación o de la salud.

Verde – Cuarto chakra

El aura verde es el color de la naturaleza. También es el color del corazón. Este color de ahora es bastante común entre los maestros, sanadores y también en aquellas personas que trabajan por el bien público. El cuarto chakra también puede ser de color rosa.

Las personas con un aura verde trabajan muy duro y son muy creativas, buscan la perfección en todos los aspectos de sus vidas. Tienen los pies en la tierra y no necesitan sueños muy exagerados que les traigan color o vida a sus mundos. Su creatividad suele tomar forma en la decoración, en la jardinería o cocinando, ya que les gusta mucho lo práctico. No obstante, también tienen buen ojo para la belleza, y esto se deja ver en cada parte de su vida, desde sus ropas hasta su casa, en donde sus pertenencias son hermosas al mismo tiempo que son prácticas. Suelen ser personas muy populares, respetadas y admiradas, esta es una de las razones por la cual tienen tanto éxito en los negocios. Piensan mucho cuando toman una decisión y valoran el balance, la estabilidad y la seguridad. Las personas de aura verde también son saludables, activan y aman los exteriores.

. . .

El verde se relaciona con los pulmones y con el corazón. El chakra del corazón se localiza muy cerca del centro del cuerpo. Sus principales dominios son la emoción, la compasión, la suavidad, el balance, el amor y la devoción.

Ya que el chakra es demasiado central, se puede decir que es el centro de nuestra vitalidad. Es el chakra que conecta a la persona con los tres chakras inferiores y los tres chakras superiores, por lo que se puede decir que es el corazón de todo nuestro sistema energético.

Al estar en esta ubicación, nos conecta con la tierra y con el espíritu. Es el centro del amor, de la habilidad simpática, del cariño y la preocupación por las otras personas y de la dedicación. También tiene que ver con la habilidad para la sanación física y la sanación de nuestras energías. Debido a su funcionamiento podemos entrar en contacto con otra persona y sentirla, ya sea por medio del contacto físico o un contacto emocional o espiritual.

Debido a que se activa la habilidad de conectar con otras personas, también se activa la habilidad para conectar con el resto del universo y con los poderes divinos.

El chakra verde es el centro en el que se fusionan las palabras, los sonidos y las imágenes con las emociones y los sentimientos. Nos hace seres capaces de amar y de querer amar. Aparte del chakra del corazón dirigimos nuestra habilidad para proporcionar cariño y atención, recibir amor y sentir deseo por amor incondicional, sin tener intereses personales o interferencias del ego.

Del chakra del corazón surge el deseo por la unidad física y tangible, la cual se logra por medio del amor filial, y también se logra la unidad por medio del amor por la naturaleza y el universo.

El mensaje general del chakra verde es la conexión y el flujo de amor como una frecuencia que no trae al ser humano, tanto como puede llegar a ser una energía que puede cambiar tu vida. Ayuda a cambiar las cosas difíciles para que sean algo más positivo y más fácil de enfrentar

· · ·

Debido a su ubicación, también simboliza el amor y el crecimiento en todos los niveles. Se relaciona con el sentido del tacto y de la excitación emocional, el dar y el recibir, amar a los demás, querer abrazar y la sensación de calidez. También se relaciona con las relaciones íntimas, el parentesco, y cualquier forma de intimidad.

Cuando hay un balance adecuado las personas se sienten libres alrededor de este individuo, además de que no se sienten presionados por una crítica. En compañía de una persona con un aura verde balanceada, los demás pueden abrir su corazón fácilmente. La influencia de un chakra corazón balanceado y abierto en el entorno es bastante grande y crea una interacción con el chakra de otra persona.

Cuando, por el contrario, el chakra corazón no tiene un balance adecuado, se expresa en la habilidad de la persona para dar y recibir, por lo cual siente una necesidad de dar más de sí mismo.

Además, ya que no sabe recibir amor, se sentirá cansada física, mental y espiritualmente cuando entrega demasiado. Se vuelve muy difícil para la persona recibir expresiones de afecto y apoyo y cualquier tipo de necesidad la interpretará como debilidad o carencia.

La dificultad para aceptar el amor suele formarse durante la infancia y la adolescencia, cuando la persona no recibe amor suficiente, respeto y apreciación por parte de sus padres, o porque ha sido rechazada demasiadas veces por seres amados en entornos románticos. Esto hace que la persona cierre el centro de su corazón y crea que no necesita el amor de otra persona. Es bastante frecuente que la persona llegue a experimentar emociones como la separación, soledad, tendrá dificultades para dar y recibir, dificultad para abrir su corazón, se sentirán amargada con la vida y tendrá problemas de intimidad.

A un nivel físico, las partes corporales que llegan a dominar el chakra verde son los pulmones, el pecho y el corazón, también controla la circulación, los latidos del corazón, el flujo sanguíneo y el tacto en las manos porque las manos se consideran una extensión del corazón.

. . .

Para fortalecer el chakra verde se puede trabajar con uno mismo al otorgarse más cariño y dedicación.

Se puede meditar para abrir el corazón, utilizar más ropa verde o rosa y llevar consigo un cuarzo rosa, el cual es la gema del corazón.

Unos cuantos significados de las diferentes tonalidades del aura verde son los siguientes:

- Verde brillante: centrado en el amor y es un sanador.
- Amarillo verde: comunicativo y creativo. Este color significa que es una persona que tiene buenas habilidades para comunicarse con los demás. Las personas con este color del aura destacan como actores, músicos, escritores e incluso en las ventas.
- Verde oscuro: resentimiento, celos, falta de entendimiento y demasiado sensible. Este color significa negatividad. Un aura de este color significa que es una persona celosa y que su corazón está lleno de resentimiento. También es una persona que se niega a aceptar sus responsabilidades.
- Verde bosque: el verde bosque puede significar que es un sanador natural.

- Turquesa: terapeuta, sensible y compasivo. Este color de ahora indica que es un sanador poderoso y que puede ayudar a las otras personas a descubrirse a sí mismas, así como también a descubrir su verdad interior. Las personas con este color de ahora pueden volverse doctores y consejeros.

Rosa

Un aura que es dominantemente rosa significa que la persona es bastante generosa y amorosa. Prefieren estar rodeadas de familia y amigos y disfrutan recibir amor tanto como les gusta darlo. Tienden a ser personas saludables y activas, ponen mucha atención a lo que consumen. Aquellos que tienen auras rosas son románticos, leales y fieles. Estos individuos son sanadores naturales y están en sintonía con las necesidades de otras personas. Necesitan y disfrutan de expresiones como la poesía o la pintura. No son de naturaleza asertiva y se esconden del conflicto, pero se preocupan de las personas que padecen necesidades, incluso llegando a hacer sacrificios personales para ayudar a los demás.

Las personas con un aura rosa tienen estándares elevados para ellas mismas y esperan lo mismo de los demás. Lo cual incluye valores y morales muy arraigados.

El rosa significa que eres una persona amorosa.

También puede significar que es una persona sensual que sabe cómo apreciar las cosas buenas de la vida. Muchos artistas suelen tener un aura color rosa. Si estás enamorado, tú ahora también va a tener manchas rosas, ya que este es el color del amor.

- Rosa brillante: sensual, sensible. artístico, amoroso y tierno.
- Rosa oscuro: deshonesto e inmaduro. El color rosa oscuro indica deshonestidad, así como también engaño. Las personas que son inmaduras tienen un aura color rosa oscuro.

Azul – Quinto chakra

• • •

El aura azul representa la garganta, en particular la glándula de la tiroides. Si tienes una hora de este color eso significa que eres un individuo muy intuitivo y que amas ayudar a los demás. Las características generales de una persona que tiene un aura azul aluden a que puede permanecer en calma en momentos de crisis.

Las auras que son completamente azules son raras, pero suele ser el color más fuerte en las personas con personalidad fuerte.

Aquellas personas con un aura predominantemente azul son comunicadores increíbles; son grandes poetas, escritores y políticos. También son personas muy inteligentes e intuitivas. Tienen un balance entre su cabeza y corazón cuando se trata de tomar una decisión. Las personas de aura azul también son buenas para mantener la paz y tienen la habilidad natural para calmar las situaciones de enojo o a las personas. Prefieren la honestidad y que sean directos con ellos, pero pueden descuidar sus relaciones personales al tomar demasiado.

El azul está relacionado con la tiroides y con la garganta. El quinto chakra de color azul o porque es and corresponde a la conexión en la comunicación, la habilidad para expresarse, para ser creativo y para ser responsable.

El chakra de la garganta es el centro de la comunicación, de la inspiración humana y de la expresión. Es el chakra que domina el centro de comunicación y de expresión en todos los niveles, ya sea verbal, física e incluso hasta en el sentido creativo. Todos los chakras inferiores que representan la presidencia, las sensaciones y el ser se crean y se filtran en el corazón, pero se expresan por medio del chakra de la garganta.

La conexión entre el cuerpo físico y las expresiones mentales y emocionales se hacen por medio del chakra de la garganta. Este nos proporciona la habilidad para expresarnos a nosotros mismos de forma consciente y clara, ya sea con palabras, risas, lágrimas, y la gran variedad de sonidos y palabras con las que nos comunicamos.

El significado del chakra de la garganta no sólo se refiere a la expresión, sino que también tiene una gran importancia en la habilidad para escuchar. Nos enseña a no ignorar las ideas de otras personas incluso si no nos agradan, también nos enseña sobre la aceptación y la tolerancia. Saber escuchar crea una sensación de paz, tranquilidad incluso de seguridad.

Cuando la persona aprende a extender su oído interno y externo, llega a recibir un gran conocimiento por parte del universo porque escucha con atención todo lo que le comunican. Una vez que la persona permite la expresión de su voz interior, también puede llegar a aprender cosas nuevas sobre su yo interior.

El chakra de la garganta también es el responsable de la imagen personal, ya que permite la expresión de la persona que creo que soy.

Es el primero de los tres chakras superiores y, por lo tanto, es la conexión con el yo superior, es decir, con el alma y con el espíritu.

Tienes dos capas de expresión, el nivel más bajo del chakra expresa el deseo de obtener satisfacción por medio de la expresión de los talentos, los deseos, los sentimientos y las opiniones. La persona siente la necesidad de expresar su ser y de ser escuchada, quiere comunicar su mensaje a todo el mundo. A nivel superior, la expresión se relaciona con las cualidades espirituales de la persona, por lo cual se utiliza para examinarse a uno mismo y a los demás. Esto se realiza por el deseo de hacer nuevas preguntas sobre uno mismo, sobre los demás y sobre el mundo con el objetivo de comprender más profundamente las cosas sin aceptar una explicación superficial y obvia.

El chakra de la garganta revive el sentido de la responsabilidad en la persona, la cual se refleja en el desarrollo personal, en la vida y en el cuidado que se tiene de uno mismo.

Por otra parte, la comunicación del chakra de la garganta también está compuesto por dos capas, la alta y la baja, la comunicación interna y la comunicación externa.

La comunicación interna permite el intercambio de información con nuestro cuerpo físico. Cuando la persona no escucha a su cuerpo y no le proporciona los nutrientes necesarios, incluso cuando lo desgasta de cierta manera, el cuerpo va a reaccionar por medio de expresiones de dolor, enfermedad o lesiones. Por otra parte, la comunicación externa lleva al intercambio de información con nuestro entorno y asume la responsabilidad de todo lo que sucede en nuestro interior y exterior sin tener que echarle la culpa a agentes externos.

La comunicación también permite una conciencia clara, nos demuestra de forma clara el poder de la palabra y nos ayuda a comprender el poder del pensamiento. El chakra de la garganta nos lleva a una forma de comunicación más elevada debido a que permite una conciencia del poder del pensamiento y un entendimiento más profundo del pensamiento como una energía activa y clara.

La edad a la que se desarrolla el chakra azul es entre los dieciséis y los veinte años de edad. Durante estos años ocurre la mayor parte del aprendizaje consciente y es cuando la persona asume la responsabilidad de su propia vida. Comienza a pensar seriamente sobre su futuro y las maneras de combinar sus habilidades y aspiraciones para lograr el vivir cómodamente tanto en lo físico como en lo emocional.

Se vuelve más consciente y se involucra más en lo que sucede a su alrededor. Los pensamientos recurrentes sobre el mundo ya no son considerados como algo distante, sino como un despertar y algo que nos involucra con nuestro alrededor.

. . .

Se comienza a poner a prueba en el terreno social, mental y también en cuanto a estatus y economía la individualidad de la persona. Existe la posibilidad de que cumpla con las expectativas de sus padres y de sus alrededores, de manera que suele renunciar a su integridad y a sus deseos personales. Esto puede llevar a una gran desconexión con su comunicación interna. Para evitar lo anterior y para definir sus aspiraciones verdaderas, la persona debe ser consciente de sí misma y comprender su papel en el universo.

Cuando el chakra azul está balanceado, la persona es capaz de expresar sus sentimientos, pensamientos, deseos y conocimientos de forma clara. También tendrá la habilidad de expresar su personalidad en cualquier situación, ya sea en el estudio, el trabajo, en el círculo familiar o en la sociedad en general.

La persona logrará sentir una gran confianza en sí misma y no tendrá preocupaciones respecto a exponer sus debilidades a los demás. Sería una persona determinada y consciente de sí misma, con un gran conocimiento de sus debilidades, de sus talentos y de sus cualidades. Será una persona con integridad y muy honesta.

Cuando la persona tiene un chakra de la garganta abierto, es muy probable que sea una persona feliz ya que tendrá una gran confianza y cree que su chakra la conecta con el conocimiento cósmico y con un entendimiento más profundo de las cosas. No es una persona que se conforme con un conocimiento superficial de la materia.

Por el contrario, un chakra de la garganta que no tiene balance se hace evidente por la dificultad para expresarse a sí mismo, una falta de habilidades para escuchar a los demás y a las propias necesidades personales. También se notará una falta de balance en los pensamientos y las emociones, por lo que habrá una carencia de expresión honesta sobre las emociones y los sentimientos, al igual que de las necesidades interiores.

Una persona con un chakra azul desbalanceado va a tener dificultades para comunicar cómo se siente y lo que desea, causado por un miedo al rechazo.

· · ·

Debido a la dificultad para expresar sus emociones, puede ser que la persona se sienta amargada o que tenga exabruptos de emociones.

Una falta de balance en el chakra de la garganta lleva a la pérdida de confianza, una baja autoestima y una crítica constante hacia uno mismo. Cuando el chakra está bloqueado eso provoca una falta de autoconciencia, lo cual va a impedir una mayor atención al universo. La persona va a evitar asumir la responsabilidad de sí misma y de aquellos que están a su alrededor. Va a sentir una fuerte necesidad de escapar cuando se le asigna un papel en particular. Algunas veces, también se puede expresar como alguien que habla mucho y que tiene la necesidad de emitir su voz para que la escuchen y así lograr que le pongan atención.

El chakra azul controla ciertas partes del cuerpo como son la tiroides, la garganta y el cuello. Por esta razón, cuando no hay un balance se puede manifestar como dolor de garganta, pérdida de la voz, problemas de la tiroides, episodios de asma, dolor en las vértebras y en el cuello, flemas y garganta irritada.

· · ·

Para balancear y fortalecer el chakra de la garganta se puede utilizar más ropa azul, trabajar con la voz, repetir mantras u oraciones, se puede practicar meditación para ponerle atención a las palabras y a sus significados, repetir oraciones positivas y trabajar con la voz interior. Otra forma muy importante para fortalecer este chakra es aprender a escuchar a los demás y dejar que nos guíen.

Aquí hay unos cuantos significados alternativos respecto a las diferentes tonalidades de un aura azul.

- Azul claro: claridad, paz y verdad. Un aura de color azul claro significa que es una persona honesta. También es un individuo que es bastante sereno. Debido a su amor por la verdad, también es una persona que destaca en las áreas de la comunicación.
- Azul rey: generoso, clarividente y espiritual. El azul rey suele significar que es una persona intuitiva espiritualmente y que tiene algunas habilidades clarividentes. También es una persona generosa y abierta a las nuevas posibilidades de la vida.
- Azul oscuro: miedo a expresarse, al futuro o

a la verdad. Este color significa que la persona no confiar en el futuro. Además, también indica la falta de habilidad para enfrentarse a la verdad, ya que tiene un fuerte deseo por tener el control.

Morado – Sexto chakra

El color morado suele estar asociado con el sistema nervioso, así como también con las glándulas pituitaria y pineal. También tiene la connotación de habilidades mentales.

Tener un aura que sea predominantemente morada también es algo raro y estas personas son consideradas como muy privadas y misteriosas. Tienen una mente curiosa, intuitiva y aman aprender cosas. Nunca dejan de hacer preguntas y nunca dejan de explorar el mundo a su alrededor. No son personas muy sociables y tienen un grupo pequeño de amigos, también tienden a tener mala suerte en el amor, pero cuando encuentran a quien consideran que es la persona elegida, son devotas y leales. Las personas con aura morada están muy en sintonía con los animales y pueden sentir sus emociones, lo cual las lleva a adoptar animales callejeros con frecuencia.

El morado está relacionado con la coronilla de la cabeza y con el sistema nervioso. El sexto chakra corresponde al chakra del tercer ojo y es un color índigo o morado.

Se localiza en la frente, justo entre los ojos. Su mensaje principal es la inspiración, la espiritualidad, la conciencia, la integridad, una mayor atención a la existencia y una comunicación super sensorial.

En cuanto a lo emocional el sexto chakra conecta a la persona con su intuición, con el subconsciente, con la habilidad para comprender lo cósmico y para recibir mensajes no verbales. También el responsable del balance entre la intuición, la emoción y el misticismo, entre la razón y la lógica. Este chakra es el que se encarga de despertar nuestro sentido de la perfección, de mejorar nuestra armonía con el universo y, principalmente, con nosotros mismos.

. . .

La persona aprende a coexistir con las fuerzas del universo y comprende que no está sola, sino que es una parte de todas estas fuerzas debido a que tiene un alma.

Este chakra también representa la visión psíquica, el conocimiento intuitivo interno y las posibilidades de la información que recibe del universo. La manera en la que percibimos esta información, la podemos ver como algo real en un sentido puro y claro o por medio de nuestros ojos.

Gracias a la subjetividad, podemos ver nuestro propio ser y nuestras vivencias por medio de patrones, condicionamientos, creencias, sensaciones y expectativas.

El tercer ojo representa una gran parte de nuestro camino espiritual, mejoran nuestra habilidad para ver claramente y nuestra relación con la verdad superior. Esto lo realiza por medio de la verdad general y la verdad superior, lo que nos habla de las fuerzas del universo. La habilidad para ver cuál se relaciona con recibir su ayuda por medio de los sentidos y las emociones para desbloquear y recibir las señales y los mensajes. El chakra morado se relaciona con la intuición y con el sexto sentido, es decir, la comunicación psíquica. No tiene que ser algo demasiado místico o cosas muy espirituales. Se refiere a las cosas y situaciones que son de dominio público porque pertenecen a todos nosotros.

Todas las personas poseen el chakra morado y la habilidad y el potencial para conectarse en cualquier momento con su percepción intuitiva. Esto es un tipo de conexión con la realidad o a una mayor escala, ya que no se queda sólo en las cosas superficiales, sino que llega hasta las cosas espirituales y universales.

Percibimos los mensajes del universo por medio de nuestros sentidos, nuestros pensamientos, emociones y sensaciones. El chakra morado también se relaciona con la confianza, con el universo, la creación y con nuestra conexión con el universo y la creación que nos proporcionan todo lo necesario.

También se relaciona con nuestra habilidad para confiar y saber que tenemos el apoyo de algo superior a nosotros. Se relaciona con nuestra capacidad para crear una comunicación y una conexión con el ser superior y la creación.

Debido a estas conexiones, este chakra puede ayudarnos a interpretar los sueños, a hablar en sueños y también se relaciona con la habilidad para que nuestras habilidades se expresen de forma adecuada. Dentro de todo, se trata de tener una existencia satisfactoria.

Nos permite crear una visión y seguirla, se relaciona con la habilidad para crear un cambio, implementar ideas y para cometer errores como método de aprendizaje y seguir avanzando hacia nuestras metas. Se asocia con la habilidad para interactuar con una perspectiva más elevada de las situaciones.

Cuando este chakra no está balanceado, la persona puede experimentar la vida por medio del intelecto y la razón.

Las filosofías espirituales van a parecer algo irracionales por lo que siempre va a necesitar una prueba clara y lógica, hubo necesitas ver y tocar para poder comprender y sentir. Es una persona que no quede en las fuerzas superiores y que solamente creen aquello que es tangible o científicamente comprobable.

También se puede expresar como una falta de entendimiento de los mensajes que recibe por medio de la intuición, ya que ha perdido la confianza en este universo espiritual. También se expresa como inseguridad, miedo al futuro, indecisión, irritabilidad, estrés y cinismo.

El chakra morado o del tercer ojo domina las siguientes partes físicas del cuerpo: los ojos, la frente, el cerebro, la cabeza, la glándula pineal (responsable del centro de la recepción intuitiva), las terminaciones nerviosas del cerebro y los oídos.

Por esta razón, los problemas en el chakra se pueden manifestar como problemas personales que distorsionan la percepción de la realidad.

Dentro de estas afectaciones se pueden enlistar enfermedades como la esquizofrenia, la depresión maniática, ansiedad y depresión. Otros problemas no tan graves pueden ser dolores de cabeza, dolor en las sienes, una visión débil en general y una visión débil debido a la fatiga.

Unas cuantas maneras de ayudar a balancear y a fortalecer este chakra es por medio de la meditación, conectarse con el universo y la creación por medio de cualquier forma como puede ser la música, el movimiento y la oración. Se puede aumentar la percepción elevada, la visión general y dejar ir las opiniones personales y esa perspectiva demasiado limitada. No se trata de pensar en lo que es, sino de dejar que ocurra la realidad más elevada. Se puede intentar de esa realidad sin interpretaciones personales. También se puede ayudar al trabajar con los sueños, con la visión psíquica y practicando la lectura de las auras.

Algunos significados de las diferentes tonalidades del aura morada son los siguientes:

- Índigo: sentimientos profundos, psíquicos, relacionado con el tercer ojo e intuitivo. Un aura color índigo significa que es un

buscador sabio y que tiene la habilidad de mirar el mundo de otras personas
- Lavanda o violeta: soñador, imaginativo, etéreo y visionario. Estos colores significan que la persona es visionaria. También indican que esa persona ama soñar despierto y que tiene una visión para cambiar el mundo.

Plateado/blanco y dorado – Séptimo chakra

Aquellas personas con un aura plateada son muy talentosas, pero no siempre usan sus habilidades de las mejores maneras. Se considera que son personas atractivas, talentosas y encantadoras. Muchas personas dirán que son suertudas. Son exitosas y eligen a sus amigos con mucho cuidado. Las personas con un aura plateada también son muy inteligentes y tienen una habilidad psíquica innata y son espirituales por naturaleza.

El plateado y el blanco se relacionan tanto con la abundancia física como con la abundancia espiritual. Tiene una connotación positiva sobre las vibraciones espirituales. También puede significar que tiene una buena salud espiritual y física.

- Plateado metálico: un cuidador, intuitivo y de mente abierta.
- Destellos blancos: embarazo actual o futuro.
- Blanco sólido: reflexión, verdad y pureza. El blanco es un color que indica pureza y nuevos comienzos. Suelen emanar de las personas espirituales.

A aquellos individuos con un aura dorada les gusta estar rodeados por lujos y disfrutan ser el centro de atención. Prosperan llamando la atención y el afecto de los demás tanto como les sea posible y pueden hacer esto fácilmente porque también son personas muy atractivas.

Son generosas con su afecto, tiempo y amor mientras sientan que es recíproco. Son muy carismáticas y son buenas escuchando. Tienden a disfrutar demasiado cuando impresionan a las personas y odian que se expongan cualquiera de sus defectos. Son muy independientes y odian pedir ayuda.

. . .

El dorado se relaciona con la protección y la iluminación.

El dorado significa que hay ángeles y seres divinos protegiendo a la persona. Sólo las personas iluminadas están rodeadas de un aura color dorado.

El séptimo chakra es el que corresponde al de la coronilla. Es visible en los colores blancos y dorados. Se ubica en la parte superior del cráneo y continúa en la cabeza física. Su mensaje principal es la espiritualidad y el conocimiento, la esencia de lo puro y de lo eterno.

El chakra de la corona es el centro de la perfección humana, proporciona un saber infinito. Los seres humanos experimentan la vida desde el nacimiento como un viaje en esta tierra. Por medio del chakra de la corona permitimos que la luz y el amor cósmico entre en nosotros e ilumine nuestros cuerpos, nuestras almas y nuestros espíritus con amor y con una luz sanadora.

La luz es la energía que entra por medio del chakra de la corona para llenar los otros seis chakras con energía y conectarlos con el canal cósmico eterno. Simboliza la iluminación y nos conecta con los niveles elevados de la conciencia y la espiritualidad, por lo cual nos conecta con la información divina.

Gracias a este chakra podemos aprender a aceptarnos a nosotros mismos por completo como una parte energética inseparable del universo.

El chakra también se relaciona con el sentido de la empatía, la consideración, el conocimiento y nos proporciona la habilidad para tener coraje y autoridad. Representa la experiencia de la unidad, de lo único, del ser uno con el todo, uno con Dios y con uno mismo. Es el yo existo, el yo soy en el centro del universo.

Esto habla de nuestra conexión divina, de lo divino en nosotros mismos y de la chispa que nos conecta con la chispa de las otras personas y de todo lo demás. Esto quiere decir que nos proporciona la experiencia de la totalidad en un encuentro con el todo. En esta situación, la persona sabe que es ella misma, sabe que es un ser separado y también sabe que es un ser conectado. Puede estar separada, pero sabe que no estás sola. Es una experiencia espiritual suprema que solo unas cuantas personas llegan a experimentar en su vida diaria. Para lograr alcanzar esta experiencia se debe entrenar con mucha fe y devoción.

El chakra del tercer ojo también habla de la posibilidad de rendirse. Esto se debe a que proporciona una conciencia amplia de la relación que tenemos con todas las otras personas, la conciencia de que todo lo que hace la persona afecta a todos los demás porque es una parte del todo.

En lo emocional, el chakra morado nos conecta con la gratitud y con la felicidad. También nos proporciona vitalidad, paras, serenidad y tranquilidad. Es el lugar del cual obtenemos fuerza, apoyo, nutrición y el nivel espiritual más puro y limpio. También nos conecta con nuestro origen y con un propósito de vida.

Cuando el chakra morado no está balanceado, la persona va a sentir una falta de propósito, se sentirá confundida y no tendrá paz consigo misma. Tal vez sientas resentimiento hacia la vida y una gran falta de armonía con su vida y con lo que la rodea. Puedes sentir mucha inseguridad consigo misma y con el universo. Otra posibilidad es que el individuo sin tener que el mundo está en su contra y que no es capaz de comprender el significado supremo de la vida en la tierra, por lo que cree que elegimos esta vida porque es solamente una experiencia.

Cuando el chakra está en armonía y en balance, la persona se siente feliz y balanceada porque todas las funciones de subir están abiertas y fluyendo. Es una sensación de satisfacción con la vida. A nivel físico, la persona no tendrá enfermedades ni dolor. Aunque esto suena como algo ideal y hasta inalcanzable, ese es nuestro objetivo. Nuestro camino en la vida debe ser llegar a la satisfacción plena y completa.

A nivel físico este chakra está a cargo del funcionamiento del cerebro y del sistema nervioso central, del tálamo y del hipotálamo.

Para ayudar a fortalecer y a balancear este chakra se puede trabajar con una conciencia elevada en relación con la creación y el universo. Se puede hacer meditación y mejorar la confianza y la devoción.

. . .

Otros colores

Café

Por lo general, las personas no tienen un aura café, pero cuando la tienen, eso quiere decir que están muy confundidas y desalentadas respecto a su lugar en la vida. Suele significar que tienen miedo de dejar ir las cosas y que tienen miedo de compartirse a sí mismos con los demás.

- Café claro: inseguridad y falta de voluntad para seguir.

Negro
    El aura negra tiene una connotación de emociones negativas. También es el aura que representa un espíritu que no perdona y que no tienen voluntad para cambiar.

También indica una enfermedad en una región particular del cuerpo.

. . .

Tener un aura negra también es algo muy raro, y si una persona llega a tenerla eso quiere decir, por lo general, que está muy deprimida o muy enferma.

- Manchas negras: problemas de salud, aflicción reprimida y luz consumida.
- Gris: miedo acumulado y problemas de salud. El gris es un color que indica que los campos de energía están bloqueados. También significa que la persona tiene una actitud de no confiar en nadie.

Cada color tiene un conjunto general de características y luego significados más específicos basados en la tonalidad. Se cree que si alguien tiene un aura color arcoíris, entonces significa que es un sanador espiritual porque es algo muy difícil de lograr y requiere años de práctica y disciplina. La mayoría de nosotros tenemos un aura que es de un color en su mayoría con otros cuantos colores esparcidos alrededor.

Por eso, para obtener una lectura precisa necesitarías combinar los significados, uno con otro, basándote en su color correspondiente junto con las características de la personalidad del color dominante para obtener una lectura correcta.

. . .

Esto puede parecer difícil al inicio, pero la mejor persona con la que puedes practicar esto eres tú mismo, después de todo, tú eres quien te conoce mejor. Después de que utilices el espejo para ver o que sientas tu propia aura, toma nota de los colores que ves y en dónde, luego escribe tus propias lecturas sobre ti mismo. Intenta ser tan detallado como te sea posible y si te parece que olvidaste algo, siéntete libre de regresar y buscar otra vez, así es como aprendes.

Tal vez te sorprendas al leer lo que significan algunos de los colores. Leer tu propia aura te da un vistazo de primera mano a toda la información que tu aura realmente contiene y les muestra a aquellos que pueden verla. Conforme continúas leyendo tu aura, también verás que cambia diariamente con tu humor y tus pensamientos. Esto es fascinante porque te muestra cuánto depende el universo del cambio y cuanto lo utiliza. La energía que viste ayer ha cambiado completamente el día de hoy, solo por un cambio en tus pensamientos y emociones, porque así de poderosas son las vibraciones.

6

Propiedades del aura

Forma

El ahora viene en diferentes formas y tamaños, pero en la manera en la que la persona responde a las experiencias puede afectar la forma del aura. En esta sección vamos a hablar de las diferentes formas del aura que afectan a la persona e incluso al futuro del individuo.

- Aura borrosa: un área borrosa o difusa se caracteriza por una falta de límites personales claros. Esto significa que las personas con un aura borrosa tienen la tendencia a entrometerse con las cosas de otras personas, así como también con sus problemas y asuntos personales. También

tienen problemas para decir que no a las otras personas.
- Aura puntiaguda: un aura puntiaguda o con picos suele indicar la sensación de estar amenazado. Las personas que han sido heridas profundamente debido a diferentes tipos de abusos suelen tener este tipo de auras. Las personas que tienen esta forma también tienden a lastimar a otras personas.
- Aura neutral: un aura neutral significa que delimita muy bien los contornos del cuerpo. Con este tipo de aura, la persona es capaz de definir sus límites con otras personas.
- Aura redondeada: este tipo de aura significa que tiene un flujo de chakra bien balanceado en el cuerpo.

Tamaño del chakra

El aura también puede variar de tamaño. El tamaño indica la intensidad de las características que, al mismo tiempo, también pueden influenciar a otras personas.

. . .

Aquí vamos a aprender un poco más sobre el tamaño del chakra.

- Aura grande: las personas con un aura grande suelen demostrar la necesidad de control y dominación. Esto es especialmente cierto si el chakra también es grande y denso. Sin embargo, no todas las auras grandes son densas. También puede significar que está estirándose mucho a sí mismo, lo que significa que está asumiendo más responsabilidades de las que puede manejar, razón por la cual su aura parece ser muy grande, pero es muy delgada. Si tu chakra está demasiado extendido, también corres el riesgo de perder el contacto con tu ser interior, ya que tiendes a concentrarte más en las cosas que están en tu entorno.
- Aura pequeña: las auras pequeñas significan miedo. También puede significar que la persona está intentando ocultar algo o que está siendo retenida por algo o alguien. Cuando el aura es pequeña, la persona tiene la tendencia a perder el sentido de sí misma, razón por la cual cierra el flujo de energía en el cuerpo.
- Sin aura: la ausencia del aura rodeando su

cuerpo físico significa que es una persona que no está feliz con su vida. Sin embargo, esto no significa que el cuerpo sea una cáscara vacía. Simplemente significa que el espíritu ha dejado el cuerpo temporalmente para evitar confrontarse a más dolores y problemas. Eventualmente, la persona necesita enfrentarse a sus problemas para mantener su aura.

Para determinar cuál es el tamaño saludable que un aura, los expertos espirituales creen que un aura bien balanceada debería extenderse alrededor de la extensión de un brazo alrededor del cuerpo. Con esta extensión, la persona no solamente será capaz de ser consciente de los demás y de su entorno, sino que también va a evitar perder su sentido del ser personal.

Posiciones del aura

Las posiciones del aura pueden influenciar en la vida de la persona y su forma de interactuar con el mundo y con los demás. A diferencia de lo que la mayoría de las personas creen, nuestra aura no encapsula nuestro cuerpo como un envoltorio. Algunas auras pueden estar localizadas de forma predominante al frente o en la parte de atrás. En esta sección vamos a hablar de las diferentes posiciones del ahora y cómo nos afecta.

- Aura en el frente del cuerpo: este tipo de aura pertenece a las personas que están ansiosas por el futuro, por lo cual su energía se mueve hacia el frente de ellas. Si tu aura se encuentra al frente de tu cuerpo, esto también puede indicar estrés y ansiedad, ya que tiendes a inclinarte hacia delante por instinto para llegar a tocar tu aura.
- Aura en la parte de atrás del cuerpo: las personas que tienen un aura localizada en la parte de atrás tienden a obsesionarse con el pasado. Esto suele indicar que tienen problemas pasados que no han sanado o no han resuelto, así como también significa miedo del futuro. Las personas que tienen un aura localizada en esta parte también corren el riesgo de tener depresión. En términos espirituales, esta ubicación del aura también significa que hace que el pasado tenga más influencia que el presente.
- Ahora flotando sobre la cabeza: las personas que quieren escapar de la realidad de sus vidas tienen un aura que flota sobre sus

cuerpos. Esto también puede indicar que viven en su propio mundo de fantasía. En un nivel espiritual, esto también significa que las fantasías son mucho más importantes que el momento presente para la persona.

- Aura centrada: si la persona se encuentra actualmente concentrada en su presente, entonces su aura va a reflejar también esta disposición y va a notarse clara y centrada. Este tipo de aura es la más ideal de todas las posiciones ya que fomenta la buena salud, las relaciones y el poder personal. En términos espirituales, esto significa que la persona está creando un futuro sin dejar de estar en el presente.

7

Anatomía del aura

Como ya se ha mencionado, el aura humana es mucho más compleja que otros tipos de auras. Lo que hace que sea más complicado es que está compuesta de diferentes emanaciones del cuerpo, incluyendo patrones de pensamiento, energías espirituales y emociones. Esta fuerza tiene un giro, ya que ha sido influenciada por el chakra.

También tiene cualidades luminiscentes, de sonido y de pulsaciones. Lees el ahora que tienes significa comprender su anatomía. Por esa razón, ahora vamos a hablar de los componentes de la anatomía del aura humana.

- Lado derecho: esta es el aura que está

localizada en el lado derecho del cuerpo de la persona, lo cual indica una energía masculina. Esto también es el lado expresivo y activo de una persona. Implica la forma en la que el individuo se proyecta a sí mismo hacia el mundo. Ya que es el aura masculina, no tiene que ver con las emociones. Los colores que se encuentran en esta zona suelen estar involucrados con los recuerdos, las metas, así como también con los cambios físicos.

- Centro: esta es el aura que se localiza sobre la cabeza. Es la energía del momento, por lo cual refleja el color del aura que la persona tiene en ese momento presente. Entre más cerca de la cabeza estén los colores, más intenso es el individuo cuando se trata de experimentar su estado actual. Si la banda de colores se estira como un arco, significa que la persona tiene actualmente una meta importante que él o ella desea llevar a cabo.
- Lado izquierdo: esta aura refleja el lado femenino del individuo. Se considera un lado pasivo y receptivo, ya que tiene que ver con las emociones de la persona. Este lado también indica lo que un individuo quiere realizar en el futuro.

Mapa del aura

Ya que hemos aprendido que el aura está hecha de diferentes energías, así como también de diferentes colores, formas y tamaños, es importante considerar que el aura humana no solamente tiene un solo color y una sola forma. En la mayoría de los casos, las relaciones de los diferentes parámetros del aura son tan dinámicos que es todo un reto leer de forma precisa.

A continuación, vamos a explicar una guía del mapa del aura.

- Aura de tres colores: este es el tipo más común de aura para la mayoría de las personas. Indica que una persona tiene una personalidad aterrizada y que se involucra diariamente. Estas personas tienen el control de sus vidas. Se puede notar un color del lado izquierdo, otro color en la parte superior y un último color del lado derecho.
- Aura sólida: un aura sólida indica que una

persona es demasiado arraigada a la realidad. También habla de una persona que tiene un buen conocimiento de sí misma. Los cambios y los problemas menores y también los serios no llegan a afectar a estas personas. Las personas que tienen un aura con un solo color también pueden ser un escudo para otras personas.

- Aura ascendente: un aura ascendente significa que un individuo en particular tiene una luz interior muy vibrante. La luz exterior suele ser blanca, lo cual indica una necesidad del individuo para irradiar solamente energía pura. Las personas con un aura ascendente son buenas para socializar y también son buenas para escuchar a los demás. Al ver esta aura se puede notar un color en la zona de la cabeza, otro color que lo rodea más arriba y al final un último color en una especie de halo.
- Aura dinámica: un aura dinámica significa que el aura tiene una actividad extremadamente compleja, por lo que la persona suele afectarse fácilmente y también puede ser fácilmente influenciada por otras personas en todos los niveles. Estas son

personas que tienen problemas sin resolver o que tienen una perspectiva individualista en sus vidas. Los colores son dispersos y no se puede determinar un ritmo u orden visualmente.

Herramientas para ver el aura

Aunque ver las auras es algo natural para el ojo entrenado, muchos psíquicos también suelen utilizar herramientas especiales para ayudarse a ver el aura de manera más eficiente. Los psíquicos no utilizan herramientas son muy costosas. De hecho, todo lo que necesitan son herramientas sencillas que pueden detectar los campos electromagnéticos que rodean el cuerpo. A continuación, hablaremos de unos cuantos tipos de herramientas que también puedes utilizar para leer el aura.

Varilla de radiestesia

. . .

También conocido como varilla L por su sencilla forma, la varilla de radiestesia es una herramienta que te permite localizar, así como también medir las energías en los objetos. No necesitas comprar una varilla de este tipo. De hecho, puedes fabricar una con un gancho de cobre o comprando alambre de cobre. En la longitud de la parte más larga puede medir de 10 centímetros hasta 60 centímetros de largo, mientras que la parte corta, la manija, debe ser lo suficientemente larga para que tu mano completa pueda agarrarla. Tienes que tener dos, una para cada mano. Cuando se utilizan las varillas de radiestesia, suelen apuntar hacia adelante hacia la posición especificada. Si llegan a detectar energía, si cruzan entre ellas, lo cual indica la posición afirmativa. La posición negativa se indica cuando las varillas apuntan hacia afuera.

Antes de utilizar una varilla de radiestesia, asegúrate de sentirte cómodo. Debes pedirle sinceramente al espíritu divino dentro de ti que te muestre la posición de sí en la varilla de radiestesia. Respira profundamente y deja que tu mente se despeje por completo, no hagas nada. Déjate llevar y permite que la varilla actúe hasta que obtengas la posición afirmativa. Regresa la varilla a la posición inicial y luego pídele a tu ser divino que te muestre la posición de no en la varilla. Una vez que hayas logrado que la varilla que conteste, puedes probarlo en un objetivo humano.

· · ·

Péndulo

El péndulo es otra herramienta que los psíquicos pueden utilizar para leer el aura. Es una cadena que al final tiene colgando un objeto que funciona como una pesa. La cuestión es que el péndulo puede ser cualquier cosa. Puede ser una cuerda atada a una piedra o puede ser un collar con un candado.

Al igual que con la varilla de radiestesia, tiene una posición de preparación, una posición de sí y una posición de no. Necesitas programar tu péndulo para que sea capaz de utilizar estas posiciones.

Por ejemplo, la posición de preparación debería balancearse hacia un ángulo de 45 grados, mientras que la posición afirmativa se indica por un balanceo a los 90 grados. La posición del no debería balancearse hacia la izquierda, lo cual sería en un ángulo de 180 grados.

· · ·

Cuando se utiliza el péndulo, debe sostener la cuerda entre tu pulgar y el dedo índice. Manualmente mueve el péndulo para que se balancee en un ángulo 45 grados, lo cual es la posición de preparación. Dile en voz alta que continúe balanceándose en esa posición de preparación. Recuerda que el único balanceo que realmente importa aquí es la mitad superior del balanceo.

Una vez que el péndulo haya seguido tus instrucciones de mantenerse en la posición de preparación, puedes decirle a tu ser superior que te muestre la posición de preparación del péndulo. Vuelve a repetirlo con las posiciones de sí y no. Una vez que hayas programado tu péndulo, intenta pedir una respuesta de sí o no hasta que te sientas satisfecho. Puedes comenzar a detectar la posición del aura tan pronto como hayas programado tu péndulo.

8

El desbalance en el aura

El efecto del miedo

Ya sea que nos demos cuenta o no, el miedo siempre ha sido una parte importante de nuestras vidas, por ejemplo, el miedo a defraudar a nuestros padres, el miedo a la autoridad y el miedo al fracaso. A veces, vivimos nuestras vidas en un estado constante de miedo perpetuo. El miedo se utiliza para controlar a las personas, pero muchas personas se alejan del miedo o maduran y superan esa constante sensación de miedo conforme tienen vidas felices y exitosas. No todos tienen la misma suerte, a veces un evento traumático deja una pequeña cantidad de miedo remanente a su paso y va creciendo poco a poco y, antes de que lo sepas, sientes que ni siquiera puedes respirar.

. . .

Otro ejemplo sería tener dos trabajos, pero de todas maneras no tener dinero suficiente y tener miedo cada día de que te echen de tu casa o que sea embargada, o que no tengas dinero suficiente para alimentar a tus hijos. Este tipo de miedo, el que te corroe y te consume por dentro es algo dañino para tu alma.

El tipo de miedo que tienes cuando te subes a una montaña rusa o cuando vas a una entrevista de trabajo es un miedo positivo, lo cual es diferente. Si hay incluso una pequeña pizca de emoción mezclada con el miedo, entonces no va a afectar tu aura de la misma manera a comparación como lo haría el miedo que ya hemos mencionado. A esto suele llamársele eustrés y no es algo que sea aterrador, de hecho, es lo opuesto, ya que tiene un principio y un final. El miedo abrumador y que te deja indefenso no lo tiene. No hay un final, por eso es que puede ser tan desolador y causar tantos efectos negativos a largo plazo.

El miedo tiene el poder de cambiar el color de tu aura por completo y cambiar el enfoque de tu aura de un chakra a otro. Esto puede cambiar tu energía vibracional por completo, lo que significa que tu aura será completamente diferente de lo que fue el día anterior a ser dañada con el miedo.

Recuerda, algunos eventos y experiencias dejan una marca permanente en tu aura, no quieres que una de esas marcas sea el miedo porque será incluso más difícil de superar si es que eso llegara a pasar. El miedo y el estrés es algo que se puede superar, pero lo que es preocupante es lo que el miedo y el estrés manifiestan con el paso del tiempo.

El miedo es una emoción muy fuerte y, como ya sabemos, el aura es un reflejo de las emociones, así que cuando la emoción dominante es el miedo, los tres chakras inferiores serán las fuerzas más poderosas en nuestra aura. Eso significa que estaremos constantemente preocupados por asuntos de supervivencia como el dinero, asuntos sexuales y el ego. Nuestros tres chakras superiores, los cuales lidian con la espiritualidad, la creatividad y el optimismo estarán, en su mayoría, excluidos. Esto llevará a un aura turbia y oscurecida, lo que significa que hay muy poca felicidad y alegría en nuestras vidas porque el miedo requiere mucho espacio y energía.

. . .

El miedo trae caos al sistema nervioso, lo cual afecta tu capacidad para conectar con el reino espiritual y afecta la habilidad del cuerpo para manejar el estrés.

Dependiendo de tu color principal de aura y de tu tipo de personalidad, vivir en un estado de miedo constante puede hacer que alguien se vuelva clínicamente deprimido, retraído y, en algunos casos, extremadamente enfermo. Si llega hasta este punto, el aura estará llena de manchas negras o de agujeros, haciendo muy evidente el hecho de que hay un problema. Tu aura siempre tiene el potencial de recuperación, pero, a veces, convencer a nuestros cerebros de eso es lo que hace que la situación sea difícil.

Vivir con miedo de esta manera sólo hace que la vida sea más difícil porque otras personas ya no tendrán tantas ganas de estar a tu alrededor, lo que te hará sentir aún más solo y más asustado. El aura es como un imán, y continuará atrayendo energía, al igual que las personas a tu alrededor. Esto significa que hasta que no puedas liberar ese dolor, seguirá creciendo hasta que sea demasiado abrumador y sientas como si te estuvieras sofocando. Este es un círculo vicioso que solamente va a oscurecer aún más tu aura. Aquellas personas a tu alrededor también van a atraer tu energía negativa, así que también estarás lastimando indirectamente a las personas que están a tu alrededor con tu energía negativa, ya que sus auras también funcionan como imanes.

Una de las razones más comunes para este tipo de miedo es la falta de dinero para cubrir las necesidades básicas. Por eso se cree que si llegaras a tomar a una persona que vive con miedo por esta razón y la pones en un entorno en el que no existe el dinero, su aura cambiaría inmediatamente hacia los chakras más elevados. Esto significaría que estaría mucho más feliz y su aura reflejaría eso. La teoría es que, al remover el problema por completo, también estarías removiendo su miedo por completo.

Mientras que esto tiene bastante mérito porque una de las mejores cosas que se pueden hacer en la vida es remover la energía negativa, este ejemplo es completamente irreal.

. . .

Vivimos en el mundo real y sabemos que el dinero existe, así como lo hace el ego. Por lo que remover el problema por completo no es una opción; después de todo, el día tiene horas limitadas con las que podemos trabajar. Una de las mejores cosas que se pueden hacer es para esto es pedir ayuda y llegar a elaborar un plan para reducir algo del estrés y, por lo tanto, reducir la sensación del miedo. A veces, todo lo que hace falta es algo de planeación financiera para hacer una diferencia o que alguien proporcione un despertar abrupto en forma de una crítica muy dura.

Independientemente del problema, existen muchas soluciones diferentes y parte de dejar ir el miedo es entrenar a tu cerebro para que deje de precipitarse al peor escenario posible.

Nuestros propios cerebros pueden ser la fuente de muchos de nuestros miedos y estresores, simplemente porque algunos de nosotros somos más propensos a preocuparnos que otras personas, o accidentalmente inventamos miedos que nuestros cuerpos y cerebros perciben como amenazas reales. Acabar con este círculo vicioso no es fácil, pero es posible. Además, puede ser muy útil utilizar tu propia aura como una medida para el éxito.

Esto se puede lograr porque la energía no se puede destruir, solamente se puede transformar. La energía que ya existe y que está siendo desperdiciada en el miedo, se puede cambiar para que sea algo más positivo. Esto hace que no sea necesario destruir la energía, ya que es posible cambiarla a algo que puede ayudarte. Esto suena bastante sencillo, pero hasta que no aprendas a controlar tus pensamientos, esta tarea puede parecer como algo imposible. Por eso es que debes ser lo más autoconsciente como te sea posible. Entre más cosas sobre ti mismo y sobre la fuente del miedo, más probable será que puedas encontrar algo de energía positiva en la que te puedas concentrar.

El universo es energía y debido a que la energía y las vibraciones siempre están cambiando, lo mismo sucede con el aura. Puedes sentirte mejor por el hecho de que nada es permanente y nunca es demasiado tarde para que un aura cambie.

Cada decisión que tomes y cada pensamiento que coloques en el universo tiene repercusiones. Los pensamientos de miedo y estrés sólo te van a llevar a más miedo y más estrés hasta que el círculo por fin sea destruido. Tu aura es un reflejo de lo que piensas y lo que sientes, y si siempre tiene el potencial para cambiar, entonces eso significa que el resto de tu ser también puede cambiar.

Desbalance en los chakras

Cuando los chakras no están balanceados, esto puede provocar una serie de problemas y sufrimientos. Puede ser desde algo físico, hasta algo emocional y mental. Dependiendo del chakra afectado, es el órgano o zona que se verá dañado o donde se verán las consecuencias. El desbalance tiene una consecuencia directa en la salud del cuerpo, tanto físico como en lo inmaterial, los pensamientos y las emociones.

Por ejemplo, si llega a haber una afectación en el primer chakra, las consecuencias serán dolor o enfermedad en la mitad inferior del cuerpo y/o problemas emocionales relacionados con lo que sea tu base, como puede ser el hogar, la familia o la seguridad.

. . .

Ya sabemos que el aura, o sea, el estado de los chakras, es un reflejo de nuestra condición física, mental y emocional. Así como el estado de nuestro cuerpo y mente puede afectar nuestros chakras, también el estado de los chakras puede manifestarse en el cuerpo y en la mente. Es una relación proporcional directa. Uno necesita del otro. No es que una parte del cuerpo o un chakra sea más importante, sino que todo debe estar en condiciones óptimas para que nuestra vida esté balanceada y saludable.

Cuando una parte del cuerpo destaca o hay demasiado de una emoción o un pensamiento, es cuando resalta y es más notoria su presencia, pero esto se debe a que se pierde el balance. Si algo está mal, sólo podemos pensar en eso que está mal, se vuelve algo que domina nuestras vidas, ya sea de forma consciente o no. Esa situación no permite que el resto del cuerpo se desarrolle adecuadamente.

Cuando un chakra tiene problemas comenzamos a sentirlo más que los demás. Esto suele ocurrir cuando un chakra está más activo de lo normal, hay un exceso de ese chakra. En estos casos se puede volver muy grande y ocupa mucho espacio, el cual debería ser para otros chakras. De forma contraria, cuando hay deficiencia de un chakra, significa que ocupa menos espacio, es muy pequeño, por lo que cuesta trabajo percibirlo. Si hay un exceso de un chakra, habrá deficiencia de otro, por lo que se puede afirmar que hay un desbalance.

Además, el desbalance puede ocurrir en varios chakras al mismo tiempo, habrá abundancia de unos y deficiencia de otros. Esto se llega a sentir en la vida diaria de la persona. Por ejemplo, puede tener dolores de cabeza frecuentes si hay afectación en el chakra de la cabeza.

Este problema se debe a que hay una interferencia en el flujo de energía por el cuerpo, haciendo que haya más o menos de un chakra. Cuando el cuerpo está en armonía y balance, el flujo de energía por el cuerpo es fluido, tranquilo, gira en el sentido de las agujas del reloj y crea círculos completos y parejos. Un aura balanceada tiene una forma redonda o uniforme, su tamaño es proporcional y mantiene un color natural y claro.

. . .

Cuando el chakra pierde el balance, puede crecer o hacerse pequeño. El flujo de energía cambia y puede ponerse a girar en el sentido opuesto. Perderá su forma uniforme, cambia de tamaño y el color se modifica.

Las causas de un chakra sin balance pueden ser que el flujo de energía esté bloqueado, puede estar atorado, el chakra puede ser demasiado grande o demasiado pequeño, quizás está irritado en exceso o está dormido. Igualmente sucede si el chakra no se mueve o se mueve demasiado, si es demasiado poderoso o es muy débil. En resumen, todo tiene que estar en balance para funcionar correctamente.

El desbalance en los chakras puede ser el resultado de un problema físico, dolor o enfermedad. También puede tener como causa un problema emocional, un trauma o como resultado de varios cambios y dificultades estresantes en la vida.

Lo más común es que la fuente del problema suele ser algo emocional y luego llega a impactar lo físico. Pero la fuente también puede ser algo energético que llega a reflejarse físicamente.

. . .

Ya que los chakras son el centro de lo físico y lo espiritual, pueden verse afectados por ambas direcciones, ya sea un problema interno que se muestra físicamente, o es un problema físico que afecta al interior.

Por ejemplo, un deportista puede lastimarse físicamente y eso afectará su estado emocional y mental, cuestión que se notará en los chakras. Por otra parte, puede suceder al revés, que el deportista tiene demasiados pensamientos negativos y eso hace que le duela la panza y no pueda practicar su deporte. Hay infinidad de razones como la depresión, emociones reprimidas, falta de sueño, una mala alimentación, etc.

Este es un problema que no debe pasarse por alto. Hoy en día, las personas cada vez son más conscientes de que deben mantener un cuerpo y una mente saludables, se hacen campañas sobre la salud física y mental. Son cada vez más las personas que intentan tener una buena alimentación, que hacen ejercicio, que practican meditación y cosas por el estilo, todo con el fin de tener una vida saludable en todos los sentidos. No obstante, la mayoría de las personas todavía no saben que también deben mantener una buena salud espiritual, la de sus cuerpos espirituales y los chakras. Esto se debe, principalmente, a la ignorancia o a la falta de información.

Hay una gran deficiencia respecto a esta parte tan importante de la salud debido a que pocas personas saben lo relevante que es el aspecto espiritual. Aunque ya sabemos cómo cuidar de nuestro cuerpo, de nuestra mente y de nuestras emociones, muchos no sabemos cómo mantener y cuidar la salud de nuestra energía de forma deliberada y consciente.

Cuando aprendemos a cuidar del balance y a mantener la salud de nuestra energía, en ese momento nuestra vida cambia por completo porque podemos ser mucho más saludables y felices de lo que creíamos posible. Es cómo descubrir una parte de tu cuerpo y comenzar a cuidarla.

9

Cómo proteger tu aura

Ahora que ya sabes de qué está hecha el aura y que es un reflejo directo de tus pensamientos y emociones, tal vez sientas la necesidad de protegerla. La buena noticia es que, incluso si tu aura está llena de colores grises e incluso si tiene algunas manchas negras, todavía es posible cambiarla por completo. Nuestra aura puede cambiar tan rápido como cambiamos de pensamientos, e incluso suele hacerlo. Por supuesto, algunas características generales permanecen iguales, como ya hemos explicado en los primeros capítulos.

Entre más sensible y empático seas, más importante es para ti limpiar y proteger tu aura. Estos tipos de personas son más vulnerables a los efectos dañinos de las energías que aquellas personas que son menos sensibles.

Sin embargo, todos se pueden beneficiar al limpiar y proteger su aura.

Formas de proteger el aura

1. Burbuja. Esta es una de las maneras más efectivas y más comunes para proteger tu aura de las energías y las influencias negativas. La mayoría de las personas la realiza de forma diaria cuando se levanta por la mañana, pero la frecuencia y la hora para hacerlo depende completamente de ti. Este es un buen hábito para llegar a desarrollar porque no solo te ayuda a proteger tu aura, sino que también te ayuda a crear una conexión con el universo.

Imagina una luz blanca que proviene de la parte superior de tu cabeza, entra por tu cabeza y cae hasta tus pies. Visualiza esa luz creando una barrera o burbuja blanca gigante de luz que te rodea a ti y a toda tu aura. El blanco es pureza y protección, pero puedes cambiar el color si crees que otro se ajusta más a tus necesidades.

. . .

También puedes visualizar símbolos y cosas que pienses que te pueden ayudar a proteger tu aura.

Por ejemplo, algunos espejos que te ayuden a rechazar cualquier energía negativa, o unos corazones que te sirvan para atraer el amor y el afecto. Esta solamente es una manera de personalizar tu burbuja para hacer que funcione mejor según tus necesidades específicas. Ya que este es un ejercicio de visualización, también lo puedes modificar basándote en las circunstancias específicas como puede ser, por ejemplo, dar un discurso frente a muchas personas o ese día tienes que firmar los papeles de divorcio. La burbuja es completamente tuya y la puedes cambiar y ajustar basándote en lo que necesitas.

2. Ya sabes que tu aura es como un imán, va a atraer energía, tanto negativa como positiva. Siéntate y escribe una lista de todas las cosas en tu vida que consideras que son fuentes de energía negativa. Puede ser cualquier cosa, desde un préstamo bancario hasta una persona que nunca tiene nada bueno para decir. Una vez que hayas terminado tu lista, revísala y comprueba

qué cosas pueden ser eliminadas por completo de tu vida. Esto puede parecer algo duro y extremo, además de que es mucho más fácil de decir que de hacer, pero, al final, valdrá la pena. Tal vez te sorprenda la cantidad que puedes llegar a eliminar por completo de tu vida de forma exitosa. Obviamente, algunas cosas deben quedarse, pero cuando revises la lista serás capaz de identificar claramente cuáles son las cosas que te afectan negativamente.

Lo siguiente, por supuesto, debes actuar para llevar a cabo los cambios que crees posibles y apegarte a eso.

1. Esta técnica está conectada con el paso anterior, así que vamos a asumir que hiciste tu lista y eliminaste toda la energía negativa posible. Ahora es momento de reemplazar todo eso, o al menos todo lo que se pueda, con energía positiva. Dedica algo de tiempo a algo que te haga feliz, ya sea salir con tus amigos o construir una casa de muñecas. Si te hace feliz, hazlo. Muchas personas olvidan apartar algo de tiempo para sí mismos y su aura es la que paga el precio por esto. Desarrolla el hábito de reservar algo de tiempo para ti mismo.
2. Este también es un método de protección algo difícil ya que requiere hacer algo que

no nos es natural; mira hacia tu interior para comprobar si tú mismo eres la fuente de la energía negativa. Como humanos, tenemos el poder de ser nuestros peores críticos y tenemos el hábito de rebajarnos a nosotros mismos. Tómate algo de tiempo para concentrarte en cómo piensas sobre ti mismo. Es increíble lo duros que podemos ser con nosotros mismos sin darnos cuenta. Si descubres que te quedas atrapado en un pensamiento negativo, encuentra alguna cosa positiva en la que puedas pensar, aunque sea algo muy pequeño. Incluso los días más malos tienen algo de positivo, así que empieza a buscar las cosas positivas en tu día a día y aférrate a ellas. Programa en tu día algo de tiempo para quejarte o determina un límite y luego deja de quejarte. Está bien expresar tu descontento, pero no está bien que te quedes pensando en eso. Aprende a dejar ir la negatividad y sigue adelante con tu vida.

3. La mejor forma de proteger tu aura en primer lugar es dejar de hacer las cosas que la dañan. Entre más fuerte sea el alma de una persona, mejor será para evitar caer en la tentación de las energías negativas. Tú

sabes cuál es la diferencia entre lo que es correcto y lo que está mal. Haz un esfuerzo verdadero y honesto para vivir la mejor vida que puedas y así tu aura lo va a reflejar. Piensa bien tus decisiones antes de llevarlas a cabo y piensa en las necesidades de las otras personas. Resistir todas las tentaciones no es necesario, esto no significa que tienes que vivir como un santo. Simplemente significa que vivas de la mejor forma que puedas y que tomes las mejores decisiones posibles.

La manera con la que elijas proteger tu alma depende completamente de ti, pero todos los métodos que en este libro hemos explicado son cosas que puedes hacer por tu propia cuenta. Algunas personas sugieren acudir con un sanador y que te limpie el aura, pero no todos tienen disponible esa opción. Las técnicas de este libro son universales y cualquiera puede hacerlas. Algunas pueden parecer fáciles, pero cuando hay que llevarlas a cabo tal vez te des cuenta de que han pasado semanas o meses desde que te tomaste algo de tiempo para ti mismo. La vida tiende a apartarnos de nosotros mismos y eso hace que sea fácil olvidarnos de cuidarnos.

· · ·

Tu aura todavía va a seguir funcionando como un imán y no siempre va a ser libre de defectos, pero no tienes que castigarte a ti mismo por eso. Una de las peores cosas que puedes hacer es obsesionarte con lo negativo, recuerda que siempre debes seguir buscando el lado positivo. Es mucho más saludable aferrarse a algo pequeño que es positivo que aferrarse a algo que es excesivamente negativo. Conforme sigas avanzando en tu viaje de vida, siempre debes recordar eso.

10

Desarrollo psíquico y relación con el aura

Conforme te vuelvas más adepto a ver o a sentir las auras, continúas mejorando tu desarrollo psíquico. Ambas cosas van de la mano. Entre más desarrolles tus habilidades psíquicas, más sensible y más empático serás, lo cual te va a permitir ver o sentir de manera más sencilla y mejor. Así pues, conforme sigas mejorando a la hora de ver o de sentir las auras, más fuerte se vuelve tu habilidad psíquica.

Cualquier cosa que lidie con energía, el ojo de la mente, lo divino, los chakras o las cosas que no se sienten por medio de los sentidos básicos va a estar agrupado con el nombre de habilidad psíquica. Esto no es psíquico en el sentido tradicional, no hay adivinación o leer la fortuna en lo que se refiere a leer las auras, pero sí implica a las vibraciones y a otros reinos.

Por lo tanto, se puede poner en la categoría de la habilidad psíquica. Esto significa que, si quieres ver o sentir auras de una manera más potente, la mejor manera de hacerlo es concentrarse en desarrollar las habilidades psíquicas. Ciertas habilidades son más naturales para unas personas que para otras y, al inicio, lo mejor es fomentar las habilidades que te sean más naturales o con las que te sientas más cómodo.

Cada vez que practiques leyendo tu propia aura, sigues mejorando tu desarrollo psíquico. Piensa que es como un músculo más de tu cuerpo; entre más lo uses, más fuerte se va a volver. Cada vez que convoques la burbuja protectora, también estarás ejercitando tu músculo psíquico. Es fácil desarrollar nuestras habilidades psíquicas sin siquiera darnos cuenta, esa es una de las razones por las cuales se vuelve más fácil ver y sentir las auras con el tiempo. Estás aprendiendo a depender de un sentido que no es parte de los cinco básicos. Al simplemente confiar en la propia habilidad de tu mente para controlar los pensamientos, como se puede hacer por medio de la meditación, es otra forma de desarrollar tu habilidad psíquica.

· · ·

No solamente incrementa tu habilidad para ver y sentir las auras, sino que también aumenta la fuerza de tu propia aura.

Esto sucede de forma natural porque tu aura se contrae y se expande basándose en las circunstancias y conforme se desarrolla tu habilidad psíquica, tus tres chakras superiores se vuelven más receptivas, lo hace que tú te vuelvas más sensible e intuitivo de lo que ya eres. Esta fuerte consciencia va a hacer que tu aura se vuelva más brillante y más fuerte. Este es un objetivo que muchas personas comparten y se concentran en hacer que su aura sea más fuerte y más brillante al desarrollar sus habilidades psíquicas innatas. Para otras personas, es simplemente un efecto secundario bien recibido.

Incluso si puedes ver o sentir las auras, no tienes que etiquetarte a ti mismo como un psíquico. Todas las personas nacen con la habilidad para ver las auras; solamente tienes que elegir aprender a hacerlo. Así, tu habilidad psíquica puede estar mucho más desarrollada que la de la persona promedio; pero, repito, es tu propio camino, y si eliges no usar el término de "psíquico" es completamente tu elección.

. . .

Las dos formas principales en las que se pueden experimentar las almas es por medio de las dos habilidades psíquicas conocidas como clarividencia y clarisentencia.

La clarividencia es ser capaz de percibir cosas o eventos que van más allá del contacto sensorial normal. La clarisentencia es la habilidad de sentir energía de casi todas las cosas, como pueden ser emociones, dolor y otras cosas que no se pueden ver.

Así como hay muchos tipos de auras, existen muchos tipos de clarividentes y clarisentientes. No todos van a ser capaces de ver o sentir auras, y si lo hacen, no todos lo van a experimentar de la misma manera. Sin embargo, lo que sí tienen en común es que cada vez mejoran más en lo que hacen por medio de la práctica. Lo mismo se puede decir de aquellos que tienen la intención de leer las auras. Entre más aprendas sobre tus habilidades específicas y entre más aprendas cómo utilizarlas, te volverás mejor a la hora de leer las auras.

. . .

Las auras son parte de nuestras vidas, ya sea que elijamos reconocerlas o no. El universo está hecho de vibraciones y los humanos no somos una excepción. No sería natural que nosotros no estuviéramos hechos de las mismas vibraciones ya que también somos parte del universo. Todos nacemos con la habilidad de ser testigos y de experimentar estas vibraciones de una manera o de otra. Suele ser bastante común que en realidad tenemos que averiguar una forma de hacerlo.

11

Limpieza y curación del aura

SOLEMOS ACUMULAR todo tipo de energías en nuestras vidas y esto incluye las energías positivas y las negativas. Mientras que quieres que las energías positivas permanezcan en tu vida, necesitas deshacerte de las negativas. Las malas energías, si no les prestas la atención adecuada, van a florecer en tu interior, lo cual resulta en una gran variedad de tipos de enfermedades, así como también en malas experiencias. Esta es la razón por la cual es importante limpiar de forma regular tu aura, para que así puedas tener una buena salud y bienestar.

Así como en la higiene personal, tu cuerpo comienza a oler mal y a ensuciarse si no te bañas después de unos cuantos días. Eventualmente, se vuelve un sitio de reproducción de bacterias y de infecciones.

De la misma manera, si no limpias tu aura, el sistema de energía espiritual de tu cuerpo eventualmente se va a contaminar y te volverás desagradable para otras personas, igualmente terminarás atrayendo las vibras malas y negativas a tu vida. En este capítulo vamos a hablar de lo que necesitas hacer para limpiar tu aura.

Meditación del aura

La meditación básica te puede ayudar a relajarte y a liberar tu aura de todo lo negativo. Funciona al liberar todas las energías no deseadas por medio del aterrizaje en la tierra, así como limpiar todos los canales de energía.

Existen diferentes tipos de meditación que puedes realizar, pero la meditación basada en la energía del aura es muy importante para limpiar el aura. Ahora vamos a explicar lo que necesitas hacer para hacer la meditación del aura.

...

Este tipo de meditación es un proceso para desarrollar la consciencia de tus propias energías. Con este tipo de meditación, puedes obtener una mayor consciencia de ti mismo, así como también liberar los grandes bloqueos de tu desarrollo.

También te puede ayudar a conectar con tus dimensiones espirituales. Para ser capaz de realizar la meditación del aura, tienes que hacer las siguientes cosas:

- Encuentra un lugar silencioso y siéntate en una posición cómoda. Crea una atmósfera relajante y enciende una vela para tranquilizarte. Cierra los ojos y mantente concentrado a lo largo de toda la meditación.
- Coloca las manos en las caderas. Esta posición crea un circuito de energía entre tu cuerpo y el centro del planeta. Esto también te ayudará a aumentar tu habilidad para mantener los pies en la tierra para que así puedas liberar toda tu energía hacia la tierra.
- Concentra tu atención en el centro de tu cuerpo, el cual es tu cabeza. Deja que tu

conciencia surja del centro de tu cabeza. Di algo bueno para ti mismo y asegúrate de que tu ser interior recibe el cumplido.
- Pon atención a la energía que contiene a tu cuerpo. Se puede sentir apretado o ligero dependiendo de la perspectiva de tu aura. Comienza a dibujar tu aura alrededor de tu cuerpo para envolverte a ti mismo en tu propia energía. Considera las sensaciones que sientes conforme la energía te rodea.
- Una vez que te sientas listo y satisfecho, respira profundamente y abre tus ojos. Pon atención a las experiencias después de la meditación. Todavía no te pongas de pie y te pongas a hacer otra cosa. Date el tiempo necesario para integrar tus experiencias espirituales.

Curación de la energía

También conocido como curación espiritual, la curación del aura es un tipo de curación psíquica y que sirve para liberar los bloqueos, así como también para deshacerte de las energías no deseadas que fluyen en tu interior. En vez de concentrarte en el nivel corporal, se concentra en la curación del sistema de energía espiritual, el cual llega a afectar al cuerpo.

El aura es un tipo de energía psíquica que rodea el cuerpo. Estás a cargo de tu propia curación del aura. De hecho, siempre depende de ti saber cuánto de tu aura negativa quieres curar. Aunque puedes buscar la ayuda de un sanador, la curación efectiva del aura siempre se basa en tu receptividad. Ahora vamos a hablar de las cosas que necesitas saber sobre la curación de la energía.

Ya que eres un cuerpo espiritual, obtienes la energía de dos fuentes principales. Estas dos energías se combinan para crear tu fuerza de vida, así como también tu habilidad para curar tus energías. Dos de las fuentes más importantes de energía que pueden contribuir a la sanación de tu aura son las siguientes:

- Energía terrenal: generada por el planeta Tierra, la energía terrenal es una vibración rica y densa que apoya a tu espíritu y a tu cuerpo físico. Una falta de esta energía

puede resultar en una sensación de estar pedido o lejos de la realidad física.
- Energía cósmica: la energía cósmica es generada por el universo. Es una forma más ligera de energía que apoyar su habilidad para manejar el cambio. La falta de esta energía suele hacer que el individuo se sienta apesumbrado y que se quede atorado en sus malos hábitos.

Tanto la energía terrenal como la energía cósmica crean la energía de la fuerza de vida que soporta tu sentido saludable de quién eres y de cómo quieres vivir tu vida. Con una falta de fuerza de vida, las personas suelen sentirse débiles e inseguras respecto a cómo deben vivir.

Limpiar y curar tus energías es muy importante. No obstante, también es importante comprender por qué existe una necesidad de curar tus energías. La cuestión es que las diferentes experiencias y los traumas que tenemos pueden afectar nuestra aura. Al sanar tu flujo de energía puedes aportar a un buen flujo de energía a lo largo de todos tus canales. Desbloquear todos tus canales de energía es importante por medio de una meditación apropiada. Concentrarte en los canales de energía en tus hombros es algo crucial porque esta es la parte en la que se divide tu energía de fuerza de vida, por lo que debería estar libre de cualquier bloqueo.

Otros consejos para limpiar el aura

Limpiar el aura es una rutina importante que necesitas realizar de forma regular. Además de la meditación, existen otras maneras que te permiten purificar tu aura, así como también tu energía de vida. Ahora vamos a explicar unos cuantos consejos sobre cómo limpiar tu aura.

- Baños con sal de Epsom: el agua es el solvente universal y ayuda a lavar toda la mugre, así como las energías negativas. Al añadir sales de Epsom al agua de tu baño, logras estimular los buenos flujo de energía desde el interior, al igual que también expulsar los desechos psíquicos que permanecen en el aura.
- Nada en el océano: nada en el océano ayuda a limpiar el aura, ya que contiene tanto sal como agua. Sumergirse uno mismo en el agua del océano tiene el mismo efecto

que bañarse con sales de Epsom, ya que se renueva el aura.

- Obtener tu dosis diaria de luz del sol: exponerse uno mismo a un ligero brillo solar entre las siete de la mañana y las diez de la mañana ayuda a estimular el flujo de energía. También dispersa las vibraciones menores que afectan el aura, ya que tienden a rechazar la exposición a las luces brillantes.
- Ponerse de pie en un lugar con mucho viento: puedes ponerte de pie en una postura abierta y dejar que el fuerte viento te ayude a liberarte de todas las energías no deseadas. Es preferible hacer esto cerca del mar porque la brisa marina contiene sal, minerales y humedad, los cuales pueden hacer maravillas por la limpieza del aura. No hay nada como la brisa del mar para ayudar a rejuvenecer el cuerpo.
- Hacer jardinería: si te gusta hacer jardinería, entonces también te gusta hacer algo bueno por tu aura. La jardinería también es un acto de ser uno con la naturaleza. Ya que entras en contacto con la tierra, eso te ayuda a mantenerte aterrizado para que así puedas liberar

todas las energías no deseadas hacia la tierra.
- Ser creativo: ser creativo te permite limpiar tu aura ya que te proporciona un acelerón de creatividad. Cada vez que eres creativo, ya sea pintando o tocando el piano, incrementas tu flujo de energía creativa en tu cuerpo, lo cual te ayuda a liberar todos los bloqueos y también a deshacerte de las energías no deseadas que estaban atrapadas en tu cuerpo.

Balancear los chakras

Ya que los chakras son un sistema de energía que se relaciona con nuestro consciente, podemos utilizar la concentración y la intención para influir en ellos. Ya que funcionan por medio de nuestros pensamientos y emociones, podemos recuperar el balance por nosotros mismos.

Se puede buscar ayuda externa con tratamientos de reiki o de curación con la biorretroalimentación.

También puede ayudar la acupuntura. Pero lo más sencillo es hacerlo uno mismo trabajando con la meditación consciente, trabajando de forma consciente y con una intención.

Utilizar más colores que fomenten el desarrollo de los chakras y trabajando en los temas relacionados con cada uno, ya sea en lo físico o en lo emocional.

La meditación para balancear los chakras es algo sencillo y placentero. Requiere algo de práctica y de imaginación, pero se logran las recompensas. El principio es bastante sencillo, se trata de concentrarse en cada chakra de forma individual y se les infunde movimiento y color, simplemente utilizando la intención. El movimiento sirve para trasladar energía del universo hacia nuestro chakra para que siga moviéndose en el sentido de las agujas del reloj. El movimiento que transmite energía fuera de nuestro chakra hacia el universo debe ser en el sentido contrario a las agujas del reloj. De esta manera es cómo se obtiene el balance y nos llenamos de energía nueva y refrescante. Para lograr esto, sólo tienes que imaginar el movimiento.

Comienza con el primer chakra, el de la raíz, y ve subiendo gradualmente uno por uno. Recuerda que el sistema de los chakras es como un sistema de engranes que comienza con el giro del primer engrane; hasta que este no funcione adecuadamente no puedes pasar al siguiente. Así que puedes comenzar mandando luz roja al primer chakra e infundiéndole movimiento.

Luego pasas al segundo chakra, al tercero, al cuarto, quinto, sexto y el séptimo. Debes estimular el color y el movimiento en cada uno de ellos para fortalecerlos y balancearlos. Te puede ayudar colocar las manos en la ubicación física del chakra.

Conclusión

El aura es una fuerza de energía invisible que muchas personas no pueden ver. Sin embargo, es importante aprender a leer el aura, ya que es una influencia en nuestro comportamiento y en nuestras relaciones con otras personas y con el mundo. De hecho, nuestra aura funciona como un perfil psíquico y les dice a las otras personas (a los lectores psíquicos y a aquellos que pueden ver el aura) nuestros atributos, intenciones y también nuestras metas futuras. Conforme acumulamos malas energías cada día, es importante que sepamos cómo limpiar nuestra aura, para que podamos tener una mejor relación con nosotros mismos y también con las personas que nos rodean.

www.ingramcontent.com/pod-product-compliance
Lightning Source LLC
LaVergne TN
LVHW021718060526
838200LV00050B/2738